# LENGUAJE CORPORAL

Dominio del lenguaje corporal de estatus alto

(Mentiras necesarias, lenguaje corporal, pequeñas mentiras grandes y mentiras que usted quería escuchar)

**Jordi Brito**

Publicado Por Daniel Heath

© **Jordi Brito**

**Todos los derechos reservados**

*Lenguaje corporal: Dominio del lenguaje corporal de estatus alto (Mentiras necesarias, lenguaje corporal, pequeñas mentiras grandes y mentiras que usted quería escuchar)*

ISBN 978-1-989853-27-6

Este documento está orientado a proporcionar información exacta y confiable con respecto al tema y asunto que trata. La publicación se vende con la idea de que el editor no esté obligado a prestar contabilidad, permitida oficialmente, u otros servicios cualificados. Si se necesita asesoramiento, legal o profesional, debería solicitar a una persona con experiencia en la profesión.

Desde una Declaración de Principios aceptada y aprobada tanto por un comité de la American Bar Association (el Colegio de Abogados de Estados Unidos) como por un comité de editores y asociaciones.

No se permite la reproducción, duplicado o transmisión de cualquier parte de este documento en cualquier medio electrónico o formato impreso. Se prohíbe de forma estricta la grabación de esta publicación así como tampoco se permite cualquier almacenamiento de este documento sin permiso escrito del editor. Todos los derechos reservados.

Se establece que la información que contiene este documento es veraz y coherente, ya que cualquier responsabilidad, en términos de falta de atención o de otro tipo, por el uso o abuso de cualquier política, proceso o dirección contenida en este documento será responsabilidad exclusiva y absoluta del lector receptor. Bajo ninguna circunstancia se hará responsable o culpable de forma legal al editor por cualquier reparación, daños o pérdida monetaria debido a la información aquí contenida, ya sea de forma directa o indirectamente.

Los respectivos autores son propietarios de todos los derechos de autor que no están en posesión del editor.

La información aquí contenida se ofrece únicamente con fines informativos y, como tal, es universal. La presentación de la información se realiza sin contrato ni ningún tipo de garantía.

Las marcas registradas utilizadas son sin ningún tipo de consentimiento y la publicación de la marca registrada es sin el permiso o respaldo del propietario de esta. Todas las marcas registradas y demás marcas incluidas en este libro son solo para fines de aclaración y son propiedad de los mismos propietarios, no están afiliadas a este documento.

## TABLA DE CONTENIDO

parte 1 .................................................................................. 1

La Importancia Del Lenguaje Corporal ................................. 2

La Química Tras El Lenguaje Corporal.................................. 8

¿Qué Papel Juega La Credibilidad?..................................... 12

Las Cuatro Distancias En El Lenguaje Corporal .................. 16

La Distancia Íntima............................................................. 18
La Distancia Personal ........................................................ 20
La Distancia Social............................................................. 22
La Distancia Pública .......................................................... 24

Señales Del Lenguaje Corporal: Los Miembros Inferiores .. 27

Señales Del Lenguaje Corporal: Miembros Superiores Y Torso ................................................................................. 31

Señales Del Lenguaje Corporal: Rostro, Cuello, Ojos.......... 39

Las Diferencias Culturales Y El Lenguaje Corporal ............. 57

El Lenguaje Corporal En Distintas Situaciones Sociales ...... 61

Conclusión ........................................................................ 68

Parte 2 .............................................................................. 70

Una Introducción Al Lenguaje Corporal.............................. 71

El Arte De Mentir............................................................... 74

Los Secretos Del Flirteo Y La Atracción Sexual.................... 85

Las Señales De Alerta De Irritación Y Agresión................... 99

Las Trampas De Inseguridad, Ansiedad Y Estrés............... 110

Los Temas De Depresión Y Tristeza.................................. 122

El Placer De La Felicidad Genuina..................................... 129

Obras Observaciones....................................................... 134

Pensamientos Finales .......................................................... 141

**Parte 1**

# La importancia del lenguaje corporal

Desde tiempos ancestrales el lenguaje corporal nos ha servido para comunicarnos, expresar nuestras emociones y pensamientos a quienes nos rodean. Cada persona tiene un lenguaje corporal diferente que comprende no solo sus expresiones faciales sino también la postura del cuerpo y otros gestos; incluso el movimiento ocular puede considerarse parte de la comunicación no verbal, seguido de cerca por el tacto y el uso del espacio personal.

El lenguaje corporal, un elemento fundamental en la comunicación no verbal.

Tal como se señala arriba, el 80% de la comunicación humana es de hecho no verbal, algunos expertos estiman que el porcentaje puede ser más alto. El lenguaje corporal se considera un elemento fundamental de la comunicación no verbal que usamos de manera consciente o inconsciente al comunicarnos con otras personas. A menudo se sostiene que funciona como complemento del lenguaje verbal. Por medio de nuestros gestos, posturas y expresiones, transmitimos a nuestro interlocutor gran cantidad de información sobre nosotros mismos.

Es evidente que el lenguaje corporal puede ser crucial para lograr una interacción exitosa o condenarla al fracaso desde el principio. Es la información transmitida por medios no verbales la que en esencia va a asegurar una interacción efectiva entre dos o más personas. Sin embargo es necesario aclarar que debido a diferencias culturales u otros factores el lenguaje corporal puede generar confusiones o estados de ambigüedad. Uno debe ser capaz de usar su cuerpo en beneficio propio y descifrar con la mayor precisión posible la información no verbal que transmite el otro. Finalmente, si usted logra manejar el arte de la comunicación no verbal puede lograr que las interacciones con otras personas sean más provechosas, reduciendo el riesgo de ser malinterpretado, generar confusión e incomodidad en el ámbito social.

¿Son importantes las expresiones faciales?

Las expresiones faciales son un denominador común entre todos los seres humanos y se usan a menudo para expresar emociones o pensamientos. La cantidad de músculos que usamos para nuestras expresiones faciales es considerable, y estas expresiones nos permiten demostrar felicidad, tristeza o enojo. Levantamos las cejas cuando nos sorprenden; arrugamos la nariz cuando algo nos desagrada; arqueamos los extremos de la boca hacia arriba cuando estamos felices: esta avalancha de expresiones faciales provee a nuestro interlocutor de información acerca de nuestros sentimientos o pensamientos.

Lo más común es que usemos expresiones faciales al mismo tiempo que corporales para transmitir mejor posible nuestras ideas y pensamientos. El receptor de la información analizará nuestras expresiones faciales y corporales al mismo tiempo, usando su propio lenguaje corporal para responder según las circunstancias.

La postura corporal es de gran importancia

en la comunicación.

La postura de una persona puede brindar información sobre su sentir. También es útil para mostrar lo que realmente piensa dada una situación determinada. La postura es un espejo de nuestras emociones, seamos nosotros conscientes de ello o no. Por ejemplo, una persona que está sentada en una silla, con la espalda relajada y los brazos y piernas abiertos, esto significa que está de hecho relajada, demostrando interés en la comunicación que tiene con la persona que tiene frente a sí. Por otro lado, si tiene los brazos y piernas cruzados, el interés que tiene en la interacción es escaso o nulo.

Incluso los detalles más insignificantes son importantes.

Un sabio dijo una vez que los gestos insignificantes pueden tener un gran impacto. A lo largo del día interactuamos con un cierto número de personas y usamos gestos para complementar nuestros mensajes verbales. Movemos brazos, manos y dedos en varias direcciones, lo mismo hacemos con la cabeza y piernas. La mayoría de estos gestos son involuntarios, aunque los gestos voluntarios pueden ser útiles para resaltar la información que transmitimos a través de la oralidad.

Los gestos tendrán un impacto diferente dependiendo de la cultura a la que pertenezcamos. Por ejemplo, muchos de los gestos que hacemos en nuestras culturas occidentales, son ofensivos en Oriente Medio. Siempre es importante que se tome un momento para constatar si un gesto es aceptable desde el punto de vista de otra cultura, así podrá llevar a cabo una interacción apropiada con la otra persona sin correr el riesgo de parecer culturalmente poco sensible.

¿Qué tipo de información se puede extraer de los gestos? Tomemos por ejemplo los gestos que se pueden hacer con las manos. Si sus manos están relajadas y se mueven de manera abierta, esto significa que usted tiene confianza en la información que tiene frente a sí, y por supuesto, en usted mismo (confianza en uno mismo). En cambio si usted tiene las manos apretadas, esto puede indicar que usted está nervioso o irritado. Si usted mueve constantemente las manos o las restriega, esto puede significar que usted está agitado, nervioso o ansioso.

## La química tras el lenguaje corporal

Como seres humanos la comunicación es esencial para nosotros. La mayoría de las veces cuando pensamos en comunicación tendemos a hacer énfasis en la comunicación verbal. Sin embargo, la realidad es que la comunicación no verbal es más importante. Piénselo un momento; los seres humanos han usado la comunicación no verbal desde el inicio de los tiempos, mucho antes de la aparición del lenguaje hablado.

La comunicación no verbal nos dice mucho acerca de quienes somos y acerca del mensaje que queremos transmitir, comunica más información que las palabras mismas, especialmente en relación con las cosas que sentimos o pensamos, de hecho numerosos estudios confirman que la comunicación no verbal transmite más información que cualquier otra forma de comunicación.

Tendemos a confiar más en gestos y en expresiones faciales en situaciones donde estamos inseguros del mensaje verbal que queremos transmitir. Se ha descubierto también que la comunicación no verbal es preferible a la hora de transmitir emociones y pensamientos, aunque lo hagamos de manera inconsciente.

Analicemos un ejemplo específico: suponga que alguien le pregunta algo pero usted no está seguro sobre las intenciones que llevan a la persona a formular la pregunta. En esa situación lo más probable es que usted se base en la comunicación no verbal para tratar de identificar las emociones y pensamientos de la persona que le ha formulado la pregunta. Cuanto más interpersonal sea la interacción, más atención prestará usted a las pistas que le brinda la información no verbal. Esto también es válido para los intercambios emocionales.

Quizá lo más interesante de la comunicación no verbal es que sucede casi siempre de manera involuntaria. Dada su naturaleza, usted no la puede controlar con la misma facilidad que a la comunicación verbal, y sobre todo no puede usarla para mentir. ¿No está seguro de ello? Le pido que haga memoria y recuerde su primer encuentro con una persona: si la persona no le cayó bien, es muy probable que usted haya emitido señales no verbales involuntarias sobre su falta de interés. Es difícil demostrar un interés que no se tiene, no importa cuanto usted lo intente.

Debemos pensar en la comunicación no verbal como el método principal para transmitir pensamientos y emociones. Si bien es cierto que algunas personas pueden aprender a controlar sus gestos y expresiones faciales, lo hacen para alcanzar un objetivo específico; se trata de personas que representan a empresas importantes, de modo se educan para transmitir mensajes de la empresa independientemente de sus opiniones personales por medio de medios no verbales. Para el resto de nosotros es mucho más difícil controlar nuestras actitudes no verbales, especialmente cuando nos encontramos en una situación donde tenemos que transmitir nuestros propios pensamientos y sentimientos.

¿La comunicación no verbal es ambigua?

En la mayoría de los casos la comunicación verbal es cristalina como agua de manantial. Por otro lado, la comunicación no verbal es bastante ambigua, puesto que las expresiones faciales y los gestos pueden recibir multitud de significados dependiendo de la situación específica, la cultura o las personalidades de quienes interactúan. Existe gran cantidad de señales no verbales que no tienen significado específico y que están abiertas a interpretación. A veces, para reducir el nivel de ambigüedad podemos basarnos en señales diferentes, tales como el medio ambiente en que nos encontramos o las palabras que nuestro interlocutor selecciona.

## ¿Qué papel juega la credibilidad?

Cuando una persona habla de un tema en particular, usted no está necesariamente inclinado a creerle. Al momento de decidir si creemos o no lo que una persona le dice, es probable que usted tome en consideración gran cantidad de factores incluyendo su conducta anterior, su cultura y la experiencia que tenga esa persona en el tema del que habla.

Por increíble que parezca es más fácil para nosotros creer en la información transmitida por medios no verbales. Peter Drucker dijo una vez que lo más importante en la comunicación es escuchar lo que no se dice. Pues bien, la comunicación no verbal es mucho más creíble que el mensaje verbal, más que nada porque es difícil fingir o mantener el control.

La comunicación no verbal tiene a menudo una naturaleza involuntaria y ese es uno de los motivos por los que los mensajes transmitidos de este modo tienen un nivel superior de credibilidad. Básicamente, usted no puede mentir en lo que respecta a sus gestos o expresiones faciales, y del mismo modo su interlocutor responderá asimismo de manera sincera.

La comunicación no verbal como refuerzo de nuestras emociones o pensamientos.

Muchas de las expresiones faciales que usamos a diario son involuntarias; nuestros cuerpos se han acostumbrado a usarlas para reforzar nuestras emociones y pensamientos. A veces la comunicación verbal no es suficiente para demostrar a otros nuestros estados emocionales o lo que pensamos en ese momento. Por ejemplo, supongamos que usted le cuenta una broma a un amigo: cuando usted sonríe está mejorando la calidad de la comunicación, de modo que las señales no verbales expresan de manera clara la emoción que experimentamos.

Es fundamental comprender que la comunicación no verbal tiene un impacto claro y profundo en las relaciones humanas, ese impacto podrá ser positivo o negativo dependiendo de la situación en que usted se encuentra. A menudo nos servimos de gestos para expresar nuestras emociones, especialmente cuando se trata de interacciones con las personas que amamos o tenemos en alta estima. Los amigos se toman de las manos, los amantes se besan y las madres siempre acarician a sus hijos. La comunicación no verbal asegura relaciones más cercanas, incluso cuando todavía no ha tenido lugar ningún tipo de comunicación verbal.

En nuestro mundo moderno confiamos en la comunicación verbal para identificar las mejores soluciones a los problemas que se nos plantean; este tipo de comunicación se usa para dar o recibir instrucciones detalladas acerca de cómo manejar una tarea específica. Sin embargo, la comunicación no verbal sigue siendo un método excelente a la hora de transmitir emociones y pensamientos a otros: es eficiente y lo que es más importante, es siempre certero. Así que la próxima vez que se quede corto de palabras, deje que su cuerpo hable por usted, puede dar por descontado que logrará el objetivo de hacer saber al otro lo que usted realmente

**siente o piensa.**

-

## Las cuatro distancias en el lenguaje corporal

El lenguaje corporal a menudo sirve para mostrar sus sentimientos por otra persona. Por ejemplo, lo que usted siente respecto de otra persona, sea que esta persona le caiga bien como amigo o represente su interés romántico, esto se traslucirá en su lenguaje corporal. Otro factor importante es la distancia física que usted mantenga con la persona con la que está interactuando, puesto que hay una distancia apropiada para cada relación y circunstancia social. La próxima vez que participe en una conversación, preste atención a la distancia que mantiene de la persona con quien habla. El mensaje que transmite su cuerpo es todavía más importante que el que transmiten las palabras. Las personas prestan más atención a las señales no verbales que a lo que usted dice.

Para evitar que el otro malinterprete su mensaje, es bueno estar al tanto de algunas de las distancias que marcan la comunicación no verbal; de este modo usted podrá esa información para dejar en claro su punto enviando el mensaje correcto.

## *La distancia íntima*

En la distancia íntima usted deberá mantenerse a una distancia de entre 15 a 45 centímetros de su interlocutor. Se reserva esta distancia exclusivamente para aquellas personas con las que compartimos cierta intimidad y gran afecto mutuo. Se trata de una distancia que permite el contacto físico, en caso de surgir la oportunidad de estar más cerca el uno del otro. Es la distancia que mantienen las parejas cuando están en público.

Si usted está interactuando con una persona con la que no guarda la suficiente confianza, asegúrese de mantener la distancia correcta porque la invasión del espacio personal puede constituir un gesto que produciría rechazo e incomodidad. La distancia íntima se reserva para personas con las que tenemos relaciones cercanas como los amantes, familiares próximos e incluso nuestras mascotas favoritas, en esos casos una distancia más corta puede contribuir a reforzar los vínculos ya existentes.

## *La distancia personal*

Entre amigos cercanos y colegas es lo más común mantener una distancia que oscilará entre los 45 centímetros y 1,2 metros. Es frecuente que las personas mantengan conversaciones a esa distancia, sobre todo porque permite observar el lenguaje corporal del colega de trabajo o amigo. Expresiones como el movimiento de los ojos y labios envían un mensaje no verbal que demuestra el rumbo que sigue la conversación. Es fundamental mantener la distancia apropiada de acuerdo al entorno social que nos encontremos.

La distancia personal es también apropiada para darse un apretón de manos con la otra persona puesto que nos da espacio suficiente para ello, así como también para otros gestos físicos que pueden ser relevantes en cierto entorno social. Esto se debe a es una distancia que permite extender los brazos, lo cual resulta conveniente cuando estamos manteniendo una conversación con un grupo de personas. Usted no estará constreñido en sus movimientos sin importar el número de personas que lo rodeen. Asimismo gozará de espacio suficiente y la comodidad necesaria. Siempre que en una conversación esté rodeado de compañeros de trabajo o amigos tenga en cuenta que debe mantener la distancia personal. Siempre que sepamos mantener la distancia personal apropiada, nuestros interlocutores se sentirán más cómodos.

## *La distancia social*

Esta distancia requiere una separación de 1,2 a 3,6 metros entre dos personas. Esta distancia es más apta para los encuentros sociales, por lo que no hay necesidad de separarse más, como podría suceder en un ámbito formal. En este entorno es importante también respetar la posición de las personas que lo rodean. Su lenguaje corporal y la posición que adopte en la habitación tendrán un efecto significativo en la percepción que los otros tengan de usted. Es importante dar una imagen humilde y no dominante de modo que las otras personas se sientan respetadas y escuchadas. Todas las personas que se encuentran en un evento social deben tener las mismas oportunidades de participar.

La distancia social está pensada para que se pueda mantener contacto visual de manera fácil entre todos los presentes. Lo que se dice en eventos sociales debe hacerse en voz suficientemente alta para que todos escuchen. El tiempo de contacto visual y el volumen correctos pueden ayudarlo a que su comunicación sea un éxito. Si no se dan esos elementos esenciales, la efectividad y productividad de un evento social se verán disminuidas.

Es bueno dejar claro que algunos eventos sociales también pueden ser formales. Por lo tanto también puede haber excepciones a la distancia de los 1,2 a 3,6 metros. Conocer la distancia apropiada a usar en cada situación será crucial.

## *La distancia pública*

Esta distancia se da entre los 3,6 y los 7,5 metros, es la que se guarda cuando una persona se dirige a una multitud en un espacio público. Es necesario que la información que se ofrece sea recibida por todas las personas sin excepciones. Además, en un lugar público donde puede haber multitudes, esta distancia ofrece cierta seguridad ante cualquier posible ataque; siempre es una medida segura mantener distancia de las personas a los efectos de prevenir un ataque en cualquier momento. De todos modos, teniendo en cuenta que la distancia es mayor, quien se dirige a un público que se encuentra entre 3,5 y 7,50 metros, debe enfatizar el uso de los gestos no verbales para transmitir su mensaje a la audiencia con la mayor eficacia posible: tanto más efectivo será el mensaje de quien habla cuanto mejor sepa combinar el lenguaje corporal con sus palabras.

La distancia hará más difícil distinguir con claridad las expresiones faciales de quien habla. Es por esto que resulta crucial hacer un uso efectivo de los gestos para enfatizar el mensaje. Quienes tengan experiencia hablando en público y sepan leer los lenguajes corporales podrán hacer ajustes rápidos para adaptarse a un tipo u otro de audiencia. Por ejemplo, los oradores con experiencia usarán gestos de mano o cabeza más enfáticos para compensar la percepción poco clara de su rostro por la distancia entre él y el público. Otro ejemplo de alguien que mantiene una distancia pública es el profesor que está dando una clase ante sus alumnos.

Ahora que usted conoce las diferentes distancias, está preparado para elegir la distancia más apropiada según convenga a cada situación. No adopte la distancia íntima cuando habla en un evento público o viceversa. Comprender estos modos de comunicación no verbal puede beneficiarlo de muchas maneras, tanto a nivel personal como en su relación con otros. Comprender el lenguaje corporal puede ayudarlo a tener una mejor percepción de lo que otras personas sienten ante una situación determinada. Adoptar un lenguaje corporal efectivo puede serle de utilidad también a la hora de desarrollar mejores relaciones, de modo que los otros se tomen el tiempo de conocerlo y crear un vínculo con usted.

## Señales del lenguaje corporal: los miembros inferiores

Cuando una persona tiene las piernas abiertas tanto como el ancho de los hombros, esté de pie o sentada, eso indica que está cómoda.

**Piernas cruzadas**

Cuando una persona tiene las piernas cruzadas puede interpretarse como una necesidad de privacidad, en algún sentido la persona está cerrada; no hay espacio para iniciar conversación alguna puesto que la persona no está dispuesta a conectarse con otros. Tener las piernas cruzadas puede significar también que uno todavía no está listo para irse: la persona tiene la intención de permanecer un tiempo más allí y se asegura de que nadie intente sacarla de donde está. En los hombres, tener las piernas cruzadas puede interpretarse como un signo de protección de su masculinidad. Por lo general son las personas con baja autoestima las que adoptan esta posición.

## Cruzar las piernas para alejarse de otra persona

Cuando usted cruza las piernas puede que elija hacerlo con las piernas alejadas del lugar donde se encuentra la persona con quien está interactuando, es una señal muy poco amistosa y significa que usted no tiene interés en nada de lo que la otra persona le diga. Es una manera bastante directa de demostrar desaprobación o incomodidad. No todas las personas tienen el aplomo suficiente para hacerles saber a otras personas el rechazo que sienten por ellas, si usted es una de estas personas, entonces esta postura puede serle de utilidad: no hará falta decir nada para que las personas comprendan este mensaje no verbal, todo queda dicho por la vía de los hechos.

## Cruzar las piernas cuando la persona está de pie puede indicar timidez

Cruzar las piernas cuando la persona está de pie puede significar que se trata de alguien tímido o que está incómodo ante una situación social específica. También es posible que la persona adopte esa postura porque está cansada de estar de pie y necesita tomar asiento.

**Resumen**

Cruzar las piernas cuando están sentados es algo que la mayoría de los individuos hacen más que nada por comodidad, especialmente las mujeres. Aunque también puede significar que la persona está a la defensiva, cerrada o poco dispuesta al dialogo.

La posición de los pies es también una herramienta útil en la interpretación del lenguaje corporal. Si cuando usted se encuentra frente a otra persona los pies del otro están apuntando hacia usted, esto indica que su interlocutor está a gusto. Sus ojos estarán fijos en su persona y su cabeza apuntará hacia su dirección.

Sin embargo, si los pies de la persona apuntan en otra dirección, es muy posible que la cabeza y ojos no estén tampoco mirando hacia su dirección. Esto puede indicar falta de interés o una sensación de incomodidad.

Estos son apenas unos trucos que usted

puede usar a la hora de interpretar el lenguaje corporal. La interpretación del lenguaje corporal es una habilidad muy útil que requiere cierta práctica regular. Será extremadamente beneficioso para usted aprender a descifrar el significado del lenguaje corporal de las otras personas. Sin embargo debe tener en cuenta que no siempre las señales son inequívocas. No todas las impresiones que uno obtiene de la lectura del lenguaje corporal perduran. Solo serán de utilidad en la medida en que usted conozca algo la personalidad de la otra persona.

Cuanto más practique, más habilidoso se volverá y más sutil será su acercamiento a los otros.

## Señales del lenguaje corporal: miembros superiores y torso

También brazos y manos son elementos importantes a la hora de interpretar el lenguaje corporal.

- Una posición abierta de los brazos transmite una sensación de honestidad y de que la persona se encuentra receptiva ante una situación determinada.
- Los brazos cruzados sobre el pecho significan que la persona adopta una postura defensiva y puede dejar traslucir duda o sospecha sobre lo que está escuchando.
- Las palmas abiertas transmiten la idea de tranquilidad y comodidad.
- Por lo general se entiende que meter las manos en los bolsillos es señal de nerviosismo o falta de interés.
- Las manos en la cintura indican enojo o rabia.
  1. El modo en que una persona da la mano puede significar cosas

diferentes:

Lo normal es que la persona se ponga de pie al estrechar la mano de otra. Esto es una señal de respeto. El contacto visual durante el apretón de manos es signo de sinceridad.

2. Quien tiene la iniciativa en el apretón de manos demuestra confianza en sí mismo, mientras que las palmas sudorosas son señal de ansiedad o nerviosismo.
3. Un apretón de manos firme con la mano apuntando hacia abajo es un signo universal de confianza. Las palmas de las manos deben estar en contacto. Cuando se emplea más fuerza de la necesaria en el apretón, puede significar que quien lo da busca compensar alguna otra cosa. Por el contrario, un apretón blando y con la mano apuntando generalmente hacia arriba indica timidez o nerviosismo.

**Hombros y espalda**

Cuando los hombros están echados hacia atrás, sin tensar demasiado los músculos de la espalda, son una señal de seguridad en uno mismo.

La rigidez de los músculos de la espalda indica tensión y nerviosismo. Dejar caer los hombros o doblar la espalda es señal de pereza o aburrimiento.

**<u>Brazos cruzados</u>**

Los brazos cruzados pueden enviar distintos mensajes, pero por lo general significan que la persona está a la defensiva. Cuando usted tiene los brazos cruzados significa generalmente que no quiere ningún tipo de comunicación con otras personas ni interacción alguna con factores externos. Muchas veces las personas cruzan los brazos porque fingen sentir frío y buscan retener algo de calor. Puede que haya quienes erróneamente den esa interpretación inocente al gesto. Pero es importante señalar que el significado de esta postura es totalmente diferente cuando se trata de lenguaje corporal.

Implica también que la persona no tiene intención alguna de entablar conversación de ningún tipo. Literalmente crea una barrera que cubre el frente del cuerpo y sirve para advertir a los demás que uno no tiene intención alguna de entablar dialogo. Por lo tanto, usted debe ser muy cauto a la hora de hablar con una persona que tiene los brazos cruzados. El gesto de cruzar los brazos puede estar motivado por una sensación de vulnerabilidad o inseguridad. Si este es el caso, el gesto se interpretará como una forma de resguardarse ante la falta de comodidad, y puede que sea necesario en algún punto.

Si bien cruzar los brazos puede significar que uno está de plano negado a aceptar argumentos de ninguna especie, hay señales adicionales que completan la postura que uno debe observar. Al cruzar los brazos puede que la persona complemente el gesto con una sacudida de la cabeza que significa "no" o que incluso evite contacto visual a toda costa. Otras señales pueden ser que los pies de la persona apunten en una dirección diferente a nosotros, tenga las piernas cruzadas y tenga la espalda apoyada. Estos son los signos que uno puede observar en una persona que cruza los brazos para alejar a otros.

**De pie con las manos en las caderas**

Si usted quiere dar la impresión de que está en control total de su vida entonces usted estará de pie con las manos en las caderas, quienes saben leer el lenguaje corporal convienen en esto. Esta postura representa también una señal de agresividad y es la más usada por los varones cuando están flirteando con una mujer. Habrá cierta curvatura de la espalda en la pose, que se interpreta como una demostración de interés en una mujer a la que desean acercarse en otro momento. Esto no significa que las mujeres no adopten esa misma posición, cuando lo hacen tendrá el mismo significado. La postura puede variar pero el común denominador lo constituyen las manos en las caderas. Es posible que la persona se incline algo hacia adelante haciendo la cabeza a un lado. Se busca demostrar atención a lo que se está diciendo y se puede complementar con una simple sonrisa y contacto visual directo. Se trata de una postura que demuestra confianza en uno mismo y de que la persona que la adopta está siempre lista para hacer lo que sea para lograr sus metas. Si usted es agresivo y lo quiere demostrar de manera no verbal, basta con ponerse de pie y poner las manos en la cintura. Todo el mundo hablará de usted y de su personalidad. Es más efectivo que andar caminando y diciendo "soy agresivo". Las acciones siempre hablan más claro que las palabras y el lenguaje corporal no es la excepción.

### Las manos tomadas tras la espalda

Aprensión, frustración y rabia son los mensajes principales que uno transmite a otras personas cuando se toma las manos por detrás de la espalda. Transmite la sensación de que uno se siente desnudo y busca evitar que los demás lo vean. Implica que hay cierta incomodidad, que es la señal principal de que la persona está pasando por un momento de angustia: es como si quisiera tomar asiento, ponerse de pie, caminar y correr, todo al mismo tiempo.

**Los brazos abiertos**

Abrir los brazos es otro gesto que usted puede adoptar para dar a entender que usted tiene el control. Usted ocupa todo el espacio que tiene a su disposición. Esta postura demuestra gran confianza porque es una forma de marcar el territorio, es una forma de comunicación no verbal muy efectiva porque no necesita palabra alguna para que las personas comprendan cómo se siente. Tanto hombres como mujeres se sirven de esta postura cuando gozan de cierta autoridad.

Otra interpretación de esta postura de brazos abiertos es que uno puede estar preparado para dar un abrazo; es una manera excelente de demostrar afecto a nuestros seres queridos sin expresarlo con palabras. También las personas se abrazan unas a otras a modo de saludo, sin que esto implique afecto, pero el mensaje será diferente cuando las personas son de distinto sexo. Incluso los niños se abrazan mientras juegan, sin que esto tenga ningún significado en particular. Abrir los brazos es una señal de comunicación no verbal que envía un poderoso mensaje acerca de nuestros sentimientos.

**Los brazos pegados al cuerpo**

Mantener los brazos pegados al cuerpo es una postura que nos será de gran utilidad en muchos momentos de la vida. En disciplinas deportivas como el golf o el baloncesto ponen énfasis en esta postura como forma de proteger al cuerpo de lesiones. Lo mismo es vital a la hora de manejar un automóvil. Pero fuera de los deportes, mantener los brazos pegados al cuerpo envía un mensaje importante sobre usted mismo: es un modo de comunicación no verbal útil para muchas personas.

Esta postura da a entender que usted se está guardando mucho para sí mismo y no desea llamar la atención de los otros. Las personas que adoptan esta postura a menudo se retiran del público a vivir de una manera más solitaria, al menos temporalmente. Cuando usted tenga cuestiones personales importantes que manejar y no desee que otras personas interfieran, simplemente adopte esta postura y el mensaje llegará de manera clara.

**Golpetear con los dedos, no dejar las manos quietas**

¿Suele usted golpetear con los dedos sobre la mesa o nunca deja las manos quietas? Puede que lo haga a menudo, sin estar al tanto de los mensajes que envía a los demás. Quienes saben interpretar el lenguaje no verbal sabrán decirle que usted está impaciente, aburrido e incluso frustrado, el movimiento es una manera de liberar tensión.

## Señales del lenguaje corporal: rostro, cuello, ojos.

Si usted está interactuando con otra persona y ve que su interlocutor mira por encima de usted, no se preocupe: este gesto se asocia con pensar en un evento o actividad específicos, lo que es más común en los pensadores visuales, aunque si la persona frunce el ceño significa que está emitiendo un juicio sobre usted.

Es muy común que quienes dan conferencias o hacen una presentación ante el público miren a menudo por encima de su audiencia: significa simplemente que la persona no quiere perder el hilo de su conferencia. Por lo general cuando alguien mira hacia arriba y a la izquierda, significa que la persona está recordando un evento del pasado. Si por el contrario, uno mira arriba y hacia la derecha, significa que está imaginando algo, quizá una mentira.

Es posible esa conducta responda a un gesto inconsciente que simplemente denote aburrimiento. Cuando mira arriba, la persona está de hecho examinando el ambiente que la rodea y trata de identificar puntos de interés. Mirar hacia arriba, combinado con el gesto de bajar ligeramente la cabeza, es común entre personas que sienten atracción la una por la otra. Cuando uno baja la cabeza se muestra sumiso, mientras que el contacto visual directo es un signo claro de que usted está interesado en la otra persona.

**Las cejas**

Levantar las cejas expresa sorpresa. Levantar ligeramente las cejas cuando uno mira a otra persona demuestra que uno reconoce al otro o puede que lo haga a modo de saludo.

**La nariz**

Tocarse o frotarse la nariz es el gesto más frecuente y a menudo lo adoptan las personas que mienten u ocultan algo.

**Los labios**

Morderse los labios o humedecerlos con la lengua constituye uno de las señales típicas de interés en una mujer.

El gesto de imitar un beso puede ser una demostración de afecto y también se usa a modo de saludo.

**<u>Los movimientos oculares</u>**

Si la persona tiene las pupilas dilatadas significa que le interesa la conversación.

Si fija no fija la vista en un punto determinado y cambia de un sitio a otro, eso puede significar cosas distintas. Cuando uno mira a la derecha, significa que está pensando en representaciones visuales. Si mira hacia la izquierda, significa que está apelando a la memoria. De todos modos, este orden puede invertirse dependiendo de la persona. Usted puede ponerlo a prueba con cualquier persona invocando un recuerdo que tengan en común.

Por otro lado, mirar abajo puede también significar que uno está hablando consigo mismo, pero es más evidente cuando hay cierto movimiento de labios, también constituye una señal potencial de vergüenza, culpa o sumisión. Cuando las personas bajan la vista, por lo general significa que están recordando los sentimientos que les despierta algo en particular. Mirar a alguien con la mirada elevada significa que uno se encuentra en control de la situación o que está hablando con alguien que le es inferior.

Mirar a un lado puede indicar falta de honestidad, distracción o que se busca información de las personas que lo rodean. Mirar de un ojo al otro y luego a la frente significa que usted se siente superior a la persona con quien está hablando. Cuando se mira la nariz del interlocutor, significa que uno está hablando con alguien que está a su mismo nivel. Y cuando se pasa de un ojo al otro y luego se baja a los labios, significa que existe cierta atracción o romance.

**Alegría**

Las expresiones que denotan alegría son las menos problemáticas a la hora de descifrar su significado, son universales y transmiten un significado positivo. Una persona amigable siempre tendrá una expresión de felicidad en el rostro. El acercamiento a una persona así será muy fácil. Se ha dicho que los gestos de felicidad son fruto de la práctica más que de la genética. Esto se debe a que las personas los usan para esconder emociones negativas que pueden albergar en su sistema. Estudios científicos han comprobado que algunas personas tienen expresiones amistosas a pesar de que por dentro no son felices, lo que se conoce comúnmente como "actuar como si fuese real".

**Tristeza**

Las expresiones de tristeza son el opuesto directo de la alegría y se observan en las personas que no están de acuerdo con algo. Estas expresiones faciales se ven en personas que están pasando por un mal momento, han sufrido alguna pérdida, o en términos generales en personas que están desconformes con la vida. Por desgracia, existen culturas donde se prohíbe la expresión de signos de tristeza en el ámbito público, lo que resulta retrógrado. Estos gestos surgen de emociones, por lo que las personas no las pueden controlar. El punto más extremo de un rostro triste es el llanto, aunque existe gran debate al respecto, la existencia de lágrimas no necesariamente significa que la persona se sienta infeliz: existen las lágrimas de alegría, por lo que uno debe ser lo más preciso posible a la hora de catalogar a una expresión como de tristeza por el simple hecho de que existen lágrimas.

**Enfado**

Si usted está molesto, sus expresiones faciales lo dirán todo sin necesidad de que usted diga palabra alguna. El enfado es muy común actualmente, debido a la molestia que causa el estrés de la vida cotidiana. Si usted se encuentra frustrado en relación a su trabajo, estudio, o incluso en su hogar, el resultado será el enojo y por más que usted intente ocultarlo de otras personas, sus expresiones faciales lo traicionarán. El enojo puede tener su origen en las interacciones personales como interpersonales. Este tipo de expresiones faciales son más evidentes en las interacciones personales, mientras que la interacción interpersonal suelen dar salida al enfado de maneras más violentas. No será difícil para usted darle un golpe a la persona responsable de su enojo. Eso es incontrolable, pero su enfado personal puede controlarse con facilidad. Si no se lo controla enseguida, el enfado puede resultar en conflictos. Se cree que las expresiones de enfado son diferentes en hombres y mujeres, pero hasta ahora no se han podido encontrar argumentos de peso que avalen esta afirmación.

**Sorpresa**

¿Cómo reacciona usted ante las sorpresas? Todos tenemos reaccionamos de maneras diferentes. Se conoce que las mujeres prefieren las sorpresas (sobre todo cuando provienen de sus compañeros) y sus reacciones son, por lo general, muy elocuentes. Algunas gritan fuerte, mientras que si la sorpresa es muy buena, otras saltan de alegría. De todos modos, las sorpresas pueden ser buenas o malas, y uno debe ser capaz de distinguir entre unas y otras. Si existen expresiones faciales que son complicadas de detectar y decodificar, son las sorpresas. Esto se debe a que por ser inesperadas, nadie está preparado para ellas; por otro lado, son de duración breve, por lo que no hay tiempo para analizarlas o tomar conciencia de lo que sucedió. Si bien la primera expresión ante una sorpresa es facial, le siguen otro tipo de expresiones. Por ejemplo, si la sorpresa es mala seguirá una expresión de tristeza. De ser positiva la sorpresa debemos esperar que le sigan algunas expresiones de alegría.

**Rechazo**

Usted mostrará expresiones faciales que denotan rechazo siempre que experimente algo que le resulte repugnante. Puede ser el resultado del olor nauseabundo que despide algo que se está pudriendo, o incluso algo que encuentra en su bebida o comida. Estas son expresiones generales que muestran rechazo absoluto ante algo que no es bienvenido en su vida. En muchos casos las personas que muestran expresiones de rechazo en su rostro tienen escaso control sobre la situación pero lo hacen como una manera de demostrar su disgusto. Cuando estas expresiones faciales suceden, se mueven hasta seis músculos lineales. Algunas características comunes que ayuda a la detección de estas expresiones incluyen levantar el labio superior, arrugar la nariz y levantar los pómulos.

**Temor**

Las personas que tienen menos seguridad en sí mismas son más a menudo víctimas del miedo y sus rostros son los delatan de inmediato. Abrirán ojos más de lo normal y levantarán las cejas. Puede que también abrirá ligeramente la boca, con la intervención de cinco músculos lineales y un esfínter. Cuando se ven estas expresiones en la cara de una persona, transmite la idea de peligro o amenaza inminentes. Existen muchos factores que provocan temor en las personas y que usted tiene que analizar bien antes de tomar una decisión. Algunas respuestas del cuerpo son responsables de demostrar ansiedad, lo que se traduce en una caída del humor. Si el miedo se prologan por más tiempo puede terminar ocasionando complicaciones de salud, por lo que debe tratarse lo antes posible.

**Confusión**

Las expresiones faciales que denotan confusión son básicamente la frente y la nariz. Si usted está confundido, sentirá cómo arruga la frente y la nariz e incluso puede que levante una ceja. Puede que también apriete los labios con fuerza. La confusión es al resultado de la falta de comprensión absoluta, por lo que estas expresiones faciales son el resultado del esfuerzo que implica tratar de comprender. Toda persona busca comprender las situaciones que le suceden y evita las confusiones, pero esto sucederá a varios niveles.

**Entusiasmo**

Existen varias expresiones faciales que podemos usar para descifrar el estado de entusiasmo de una persona. En términos generales, se trata de una emoción más positiva y es el resultado de la ocurrencia de algo positivo; estas expresiones vienen acompañadas de una sonrisa con la boca muy abierta para demostrar estupefacción. Cuando la persona está entusiasmada, abrirá mucho los ojos y levantará las cejas todavía más, lo que marca los niveles de energía. Cuando se llena de entusiasmo uno aparecerá vivaz y divertido, y el cuerpo se muestra por lo general lleno de impulso y actividad.

**Deseo**

El deseo es la necesidad de lograr algo en la vida y las expresiones faciales lo ilustran muy bien. Las expresiones pueden variar de una situación a otra desde que en la vida tenemos muchos deseos. El deseo funciona bien cuando tiene un objetivo, de modo que uno tendrá los ojos enfocados a lo que desea obtener; los ojos parpadearán lo menos posible a los efectos de evitar cualquier interrupción mientras puede que la lengua se mueva de un lado a otro de la boca. Durante estas situaciones, usted tendrá puesta mucha de su energía cerebral dedicada a obtener el objeto de su deseo.

**Desdén**

Estas expresiones faciales responden a la desaprobación absoluta que sentimos por algo. Es una forma de decirle que no a algo que avanza sobre usted. Cuando la expresión de su rostro demuestra desprecio, se observarán tres características distintas. La primera: elevará el mentón de modo que pueda observar con claridad a la persona que lo molesta. La segunda: una mueca de desprecio que hará obvio el desdén acentuado por una sonrisa. La tercera: los labios apretados en los extremos, y que se levanta a uno de los lados. Algunas de estas señales son muy claras y a usted no le harán falta herramientas complejas para descifrarlas.

Más allá de las emociones que cada uno sienta en su fuero más íntimo, existe gran cantidad de expresiones de las que uno hace uso para demostrarlas en lo externo; está en cada persona conocer la mejor manera de interpretarlas.

¿Qué significa bajar la mirada?

Se sabe que bajar la mirada es un signo de sumisión, es como si usted quisiera demostrarle al otro que no representa una amenaza y que busca establecer una relación clara. A veces puede significar que la persona se siente culpable. Paradójicamente, hay quienes usan este gesto para ejercer predominio sobre los otros y demostrar su poder.

Mirar abajo y hacia la izquierda suele asociarse con personas que hablan consigo mismas. Si usted presta atención se dará cuenta de que mueven ligeramente los labios. Por otro lado, mirar abajo y hacia la derecha se asocia con la expresión de sentimientos o emociones personales.

La mirada baja puede interpretarse de distintas maneras dependiendo de la cultura a la que uno pertenezca. Por ejemplo, en muchas culturas asiáticas, se considera de mala educación mantener contacto visual directo. Mantener la mirada baja es una demostración de respeto por la persona que está sentada, o de pie, frente a uno.

¿Y qué significa mirar a los lados?

Mirar a los lados es uno de los gestos más obvios que hará una persona cuando se está aburrida: la persona que mira a los lados está buscando nuevos puntos de interés. Algunas veces podemos mirar a la izquierda o derecha, para verificar de dónde puede venir alguna posible distracción. Se trata de un instinto ancestral: el cerebro intenta determinar si hay cerca una amenaza potencial o si está por suceder algo de interés.

En ciertas situaciones mirar a los lados puede significar que la persona que hace el gesto está molesta. También es importante la dirección en que la persona mira: hay estudios que confirman que mirar hacia la izquierda se asocia con cierto sonido, mientras que mirar hacia la derecha sucede cuando buscamos traer a la memoria el mencionado sonido.

Los movimientos laterales de los ojos dicen mucho sobre usted

Los movimientos de los ojos hacia los lados se refieren a los movimientos oculares de lado a lado, que debemos distinguir del movimiento de mirar a los lados. Este gesto se ve a menudo en los mentirosos patológicos, especialmente cuando buscan evadir cierta situación. Las personas que están hablando de cuestiones secretas o están manteniendo una conversación confidencial pueden hacer estos gestos que demuestran cuidado y preocupación ante la posibilidad de que alguien más escuche lo que se dice.

Ver y mirar

Mirar es un gesto común que llevamos a cabo con frecuencia. Cuando una persona mira a otra por un período prolongado significa que la persona está enamorada. La mirada fija en el cuerpo de otra persona se asocia con sentimientos de lujuria, mientras que una mirada especial en partes íntimas del otro es una señal clara de que existe cierto interés sexual.

Es frecuente que ciertas personas usen la mirada para convencer a otros de tomar una decisión determinada. Por lo general este gesto dura poco pero tiene gran intensidad. Además fijar la vista es algo que a nivel inconsciente evitan los mentirosos porque cuanto más mantienen la mirada más culpables se sienten. Por otro lado, ver es más breve por definición y, dependiendo de la situación, puede sugerir una amplia variedad de cosas: deseo, preocupación, interés en algo prohibido, atracción e incluso desaprobación.

¿Es el contacto visual una forma de comunicación?

Si ha leído lo escrito, probablemente usted ya conozca la respuesta. Dependiendo de la situación y las personas que participan en este tipo específico de comunicación, el contacto visual puede ser indicio de la existencia de cierto interés en algo o alguien, amor o incluso el deseo de dominar.

En la mayoría de las situaciones no somos conscientes del momento exacto en que hacemos contacto visual. Lo único que necesitamos es cierto interés en lo que la otra persona nos dice, entonces el contacto visual será una consecuencia natural. De todos modos, una de las cosas más difíciles es mantener el contacto visual por un período prolongado (la mayoría de las personas prefiere hacerlo por un corto tiempo porque están más cómodos con una forma de contacto menos intenso).

Cuanto más se prolongue el contacto visual, más amenazados nos sentiremos. Como forma de protección instintiva, la mayoría de las personas van a iniciar el contacto visual, interrumpiéndolo cada cierto tiempo. Sin embargo, usted siempre debe prestar atención al significado que este gesto tiene, porque la persona sentada frente a usted puede tomarlo como un insulto. Solo en una situación de interés romántico mutuo la interrupción del contacto visual se considera un gesto aceptable. Desde otro punto de vista, vale agregar que las personas inseguras por lo general eluden el contacto visual. Tendrán un comportamiento similar aquellos que no están dispuestos a dejarse caer en la persuasión de los otros.

## Las diferencias culturales y el lenguaje corporal

La Historia nos enseña que las personas comenzaron a darse apretones de mano a los efectos de darles a conocer a los otros sus intenciones pacíficas (y también que no portaban armas). El apretón de manos se ha convertido en un ritual común que busca demostrar cierto nivel de confianza. También puede brindarnos información sobre la persona que nos saluda, especialmente sobre qué tan deseosa está de permitirnos la entrada a su especio personal.

La firmeza de la mano podrá ser mayor o menor, y en cada caso trasmitirá un mensaje diferente. Si el apretón es demasiado débil significa que la persona no nos tiene la confianza suficiente, o que está ansiosa o nerviosa sobre la interacción que están teniendo. En cambio un apretón demasiado fuerte puede significar la existencia de un deseo de dominar o un exceso de confianza en sí mismo.

Las diferencias culturales tienen influencia en el significado de los apretones de mano. En los países europeos, por ejemplo, es costumbre para hombres y mujeres darse la mano, sea como forma de saludo o como modo de sellar un compromiso sobre un acuerdo o decisión. En los países musulmanes ese tipo de interacción está prohibido y es muy mal visto. Volvemos a la idea de la sensibilidad cultural. Siempre debemos prestar atención al contexto cultural y decidir de manera instantánea si un cierto gesto es culturalmente aceptable o no.

En países como la India, no parece haber problemas con el mantenimiento de la distancia personal. Es muy frecuente ponerse muy cerca cuando uno se está comunicando con alguien, sea un extraño o no. China tampoco es un problema en lo atinente a la distancia personal al interactuar; resulta mucho menos relevante que lograr el objetivo de la conversación y la interacción.

La idea de que uno debe mantener cierta distancia personal es muy común y muy difundida en el mundo occidental. ¿Sabía usted que el espacio personal implica también tocarse? Sí, así es, y se toma muy seriamente en América del Sur y en los países mediterráneos. En esas culturas la creencia general es que el contacto funciona como un elemento a favor de la conversación. La conexión entre ambos se hará más fuerte. También se piensa que quienes no tocan a sus amigos mientras conversan son poco cálidos. Por el contrario en el mundo oriental, tocar a una persona con la que se está hablando constituye un tabú, y hacerlo se considera una ofensa; acciones como darle una palmada en el hombro a su interlocutor o incluso en el brazo, se considera inaceptable. Antes de viajar a estos países es recomendable que usted se tome el tiempo para aprender más sobre su lenguaje corporal y lo que se considera apropiado, especialmente en lo relativo a la distancia personal. El lenguaje corporal inapropiado puede llevar a que lo perciban como una persona maleducada debido a su relacionamiento erróneo con alguien de esa cultura. Bien sea apropiado estar cerca o mantener más distancia de las otras personas, debe asegurarse de que la distancia a la que se ubica de los otros sea la apropiada. La distancia personal es uno de los aspectos más importantes del lenguaje corporal y tiene grandes consecuencias en la comunicación no verbal. Otro aspecto importante del lenguaje corporal y la comunicación con personas de culturas distintas a la suya lo constituye el apretón de manos.

## El lenguaje corporal en distintas situaciones sociales

Cómo usar su cuerpo para impresionar a otros con su confianza en usted mismo

Si quiere impresionar a los otros como una persona de gran confianza en sí misma, puede usar su lenguaje corporal como un medio para lograr transmitir esa información de la manera más eficiente. Empiece con su postura y adopte una posición erguida, asegúrese de echar hacia atrás los hombros. Acostúmbrese a mantener el contacto visual sonriendo cuanto pueda (siempre que sea apropiado). Haga gestos con sus manos y brazos para enfatizar puntos importantes en la conversación. Preste atención al tono de voz que usa, manteniéndolo entre moderado y bajo.

Cómo darse cuenta de que está a la defensiva

Si usted se encuentra en una situación en que siente que su adversario es más fuerte que usted o en exceso agresivo, puede usted empiece a actuar de manera defensiva (sea de manera consciente o inconsciente); su cuerpo dará señales claras de que usted está a la defensiva y siempre es bueno saber reconocerlas. Por ejemplo, si usted deja de hacer gestos con las manos y brazos y en lugar de eso los mantiene pegados al cuerpo, es obvio que usted está a la defensiva. Las personas en esta situación tienen muy pocas o ninguna expresión facial; alejarán su cuerpo de la otra persona o puede que prefieran cruzar los brazos, como forma de demostrar que no desea mantener más contacto; mantendrán también escaso o nulo contacto visual.

Es posible que se ponga a la defensiva mientras tiene una conversación de negocios trabajosa. Preste atención a los gestos mencionados para evitar excederse en la defensa que está ejerciendo. Puede aprender a abrirse más usando el lenguaje corporal para expresar su apertura y receptividad a la negociación que se está llevando a cabo.

El lenguaje corporal y la falta de interés

Si alguna vez se ha dirigido a una

audiencia, es probable que sepa que lograr la atención de un grupo de gente por un período prolongado puede ser muy difícil. Por otro lado, si alguna vez usted ha sido parte de una audiencia, es probable que también usted haya demostrado falta de interés.

Cuando usted no tiene interés en la conversación, discusión, reunión, o lo que fuera, su cuerpo se encargará de demostrarlo: mantendrá la cabeza baja y los ojos buscarán enfocarse en otras cosas, puede que se ponga a quitar pelusas imaginarias de su ropa, a ponga a jugar con el bolígrafo, o incluso a hacer garabatos. Estas señales son un buen indicador de que no le interesa lo que se está discutiendo, especialmente si está desparramado en la silla.

Su lenguaje corporal indicará si usted miente o dice la verdad

Un sabio dijo una vez que quien quisiera conocer la verdad debería analizar el lenguaje corporal de su interlocutor en lugar de escuchar lo que dice. Las personas que mienten mantendrán escaso o nulo contacto visual, y se mostrarán agitadas, tocando constantemente su rostro. Puede que también muevan los ojos con gran velocidad para evitar enfocarse en un individuo en particular.

Es muy frecuente que cuando una persona miente se tape la boca con la mano o dedos. El ritmo respiratorio aumenta, el rostro y el cuello se ponen rojos. Es posible que aumente la respiración, y que la persona carraspee o se aclare la garganta permanentemente.

El cuerpo dice más que las palabras

Supongamos que usted tiene una entrevista laboral; la persona que lo entrevista le hace una pregunta difícil y usted no está seguro de cual debería ser la respuesta correcta. Antes de hablar, su cuerpo ha enviado una copiosa cantidad de información sobre su falta de certeza. Por ejemplo, evitará usted el contacto visual mientras piensa la respuesta. Puede que se toque le barbilla o la mejilla con las manos y que incline la cabeza mientras mira hacia arriba.

Cómo usar su cuerpo para demostrar

## apertura y receptividad

Para mostrarse más receptivo debe adoptar una postura relajada, con la espalda derecha. Así estará demostrando que tiene confianza en usted mismo y que se siente cómodo. Cada tanto haga una pausa en su discurso, esto mantendrá el interés de su interlocutor. Si usted se inclina en dirección hacia la persona, el éxito de la interacción estará asegurado. De todos modos, usted debe asegurarse de que la otra persona no siente que su espacio personal ha sido invadido, y no será percibido como una persona agresiva.

Haga lo posible por mantener una base de apoyo amplia, como muestra de confianza y apertura. No se aleje de su interlocutor porque puede interpretarse como una reacción de hostilidad. Evite también cruzar los brazos, en lugar de eso manténgalos en su regazo, o a un lado del cuerpo (ambas señales de apertura). Si es necesario estrecharse las manos hágalo con firmeza, pero sin apretar demasiado. Siempre haga contacto visual pero cuide la intensidad (no debe quedarse mirando fijamente a su interlocutor).

Cuando se dirige a una audiencia numerosa también es importante demostrar la misma receptividad. Por ejemplo, si usted tiene que quitar cualquier obstáculo que pueda haber entre usted y la audiencia a los efectos de reforzar el vínculo con esta última. No importa cuán incómodo o inseguro de sienta, absténgase de cruzar los brazos, esto representa una barrera.

A esta altura usted ya habrá comprendido que las diferencias culturales tienen una clara influencia en nuestro lenguaje corporal. Esto será de vital importancia cuando se trate de mantener una distancia social aceptable. En primer lugar, tenemos una distancia íntima que es dentro de los 45 centímetros., a la que solo los amigos o conocidos cercanos pueden romper. La distancia personal, que va desde los 45 centímetros a los 1,2 metros se usa cuando uno interactúa con personas que apenas conoce; a esa distancia usted puede darse un apretón de manos y llevar a cabo un análisis rápido de su interlocutor.

La distancia que va del 1,2 a los 3,6 metros es la que más frecuentemente se usa entre las personas que mantienen interacciones menos personales. La distancia social se considera aceptable para negociaciones y asuntos comerciales. En este tipo de situaciones se recomienda que uno use un tono de voz firme y haga contacto visual la mayor parte del tiempo. Finalmente, aunque no menos importante, existe la distancia pública, que va de los 3,7 a los 4,5 metros, que es usada por profesores y quienes dan una conferencia. A esta distancia la información que uno recibe surge de los gestos que el orador hace con las manos o brazos, así como de los que hacen con la cabeza; las expresiones faciales de quien habla pasan a un segundo plano puesto que la audiencia tendrá más dificultades para captarlas.

## Conclusión

Usamos el lenguaje corporal de manera inconsciente y por ese medio transmitimos mucha información sobre nuestro modo de sentir y sobre nuestras opiniones. Como usted ha podido leer en este libro, el lenguaje corporal tiene lugar en prácticamente todas las conversaciones entre seres humanos, abarca las expresiones faciales más variadas, apelando a gestos que son comunes y a otros menos comunes, además de una gran variedad de posturas que sugieren estados de ánimo.

Nuestras emociones y pensamientos se expresan de manera clara a través de señales no verbales. Algunas veces las diferencias culturales son un obstáculo a la hora de percibir estas señales, en estos casos es fundamental estar más al pendiente de lo que es importante a nivel cultural para ponernos en el lugar de la otra persona.

Usamos gestos para comunicar a otros que nos agradan y que son bienvenidos en nuestro espacio personal. Por otro lado, también tenemos gran variedad de gestos que reservamos para las personas que no deseamos que entren a nuestro espacio personal. Darse la mano constituye más que solo un saludo: tiene gran cantidad de significados, tal como hemos analizado. La sonrisa y la risa pueden ser claves a la hora de tener una interacción exitosa, puesto que le sugieren a la otra persona que nos encontramos a gusto a su lado.

Siempre recuerde que su cuerpo tiene una voz propia que usted puede educar a los efectos de transmitir información de una manera eficiente. No tema aprender sobre la información engañosa y cómo interpretar los signos no verbales que indican que otro nos engaña. Respete el espacio íntimo de la otra persona y mantenga el contacto visual cuando tenga interés en alguien.

**Parte 2**

## Una Introducción al Lenguaje Corporal

¿Alguna vez ha deseado poder leer la mente de otro? Tal vez estuvo observando a gente y preguntándose qué pensaba una persona de entre ellas. Quizás estuvo tratando de descifrar lo que un amigo estaba atravesando verdaderamente cuando este le dijo que todo estaba bien, aunque algo parecía no estarlo. Todos nosotros tenemos momentos en que deseamos poder entender las reacciones emocionales de otras personas de una manera más profunda, más instintiva.

Si bien es imposible leer mentes, el estudio del lenguaje corporal es la siguiente mejor opción. Puede aprender un montón sobre cómo piensa o siente una persona mediante el estudio de su manera de moverse, observar y actuar. Todo puede ser una pista, desde la sonrisa más tímida hasta la mirada baja más hostil.

Todo lo que una persona hace es una captura instantánea de cómo se sienten en cualquier momento dado. Cada acción y gesto es un reflejo de lo que la persona siente en el interior. Cuando entiende lo que tiene que buscar, estas señales pueden descubrir una manera totalmente nueva de interactuar con otros, así como darle un entendimiento más profundo de quiénes son ellos como personas.

En los capítulos siguientes, exploraremos todo desde cómo identificar cuando una persona está mintiendo hasta los secretos de la atracción sexual y el deseo. Echaremos una mirada al estrés y la ansiedad, así como al enojo y la agresividad. Todo lo que cubrimos le ayudará a interpretar a las personas, así como también le enseñará cómo alterar sus propias señales de manera que pueda comunicarse más claramente utilizando este lenguaje no hablado a su potencial completo.

## El Arte de Mentir

Una de las razones principales que las personas utilizan la lectura de lenguaje corporal es para ver si pueden identificar cuando las personas están mintiendo o diciendo la verdad. Esto es comúnmente mostrado en programas de TV, especialmente en dramas criminales, donde los detectives pueden decir si una persona está mintiendo o no, "leyéndolos". Desde luego, eso es solo para TV, pero sí existe cierta verdad en esta táctica, y si usted sabe lo que está buscando, probablemente podrá aprovechar esta especie de talento.

Varios ejemplos de esto pueden ocurrir en la rutina diaria. Ejemplos como los siguientes: cuando un amigo dice que nada está mal (pero usted sabe que algo está raro), o llamadas al trabajo para avisar que están enfermo (cuando realmente están yendo al campeonato de golf por la tarde), o jugadores de póker que señalan una "tell" que los delata cuando están faroleando. Por supuesto, ¿quién es mejor para esto que una mamá que "sabe" cuando sus hijos están mintiendo?

Empecemos con algunas de las maneras más comunes con las que se puede identificar cuando alguien está mintiendo. Estudiar esta guía no lo volverá un detective altamente calificado, un maestro del póker o una súper mamá. Sin embargo, sin duda le ayudará a perfeccionar sus habilidades cuando esté buscando descubrir la verdad en un mundo lleno de mentiras inofensivas.

Unas de las señales más obvias y fáciles de reconocer es cuando las personas interrumpen el contacto visual, especialmente para bajar la mirada. Esto, muchas veces, tiene relación a tener "mirada furtiva", o ser una persona "inestable". Esto puede avisar fácilmente a una persona que lo que está siendo dicho no es totalmente verdadero. Yo pienso que la razón por que esta señal es tan reconocible es que, cuando las personas hacen contacto visual directo están demostrando seguridad y confianza, lo cual es imposible cuando están tratando de esconder algo o mentir con certeza acerca de algo. Aún así, otra razón por la que esta señal puede ser considerada una señal de alerta es que cuando las personas mienten, usualmente están inventando una historia y tratando de pensar en qué decir. Al pensar y procesar es común evitar el contacto visual.

Una ampliación interesante a esto es que cuando una persona está mintiendo usualmente mira hacia arriba y a la izquierda. Este es un indicador de que esta está usando el lado imaginativo o creativo del cerebro, al inventar una historia. Por tanto, si alguien no está haciendo contacto visual y está mirando a la izquierda, esta es una señal fuerte de no ser sincera. Es fascinante. Es posible decir qué parte del cerebro está siendo utilizada y enlazar eso a un cierto comportamiento, como mentir.

Otra señal a notar es si alguien está tocando o tirando su oreja. Esto puede ser un gesto de indecisión o puede ser relacionado con mentir. Cuando alguien está mintiendo, puede estar nervioso o ansioso, especialmente si la mentira es una grande. La persona no está segura de qué hacer con sus manos. Tenga cuidado, esta señal puede ser simplemente un hábito nervioso de tocar o jugar con su oreja. Esto, además, puede ampliarse al tocarse la cara en general. Por otro lado, hacer gestos con las palmas abiertas y tocándose el pecho (especialmente cerca al corazón) es una señal de sinceridad y honestidad.

Una señal que involucra la cara completa es la sonrisa. Existen dos tipos de sonrisa, una sonrisa falsa y una sonrisa genuina. Una manera de identificar la diferencia es que la sonrisa real involucra la cara completa, incluyendo los ojos, y puede ser más exagerada en el lado derecho. Una sonrisa falsa no alcanza los ojos y puede ser simétrica, o notarse más en el lado izquierdo de la cara. Intente mirarse en el espejo para ver si puede notar esta diferencia. Además, practique con imágenes para ver si puede identificar cuando una persona está fingiendo o posando. Esto es por qué las personas usualmente son más atraídas a fotos espontáneas, porque las emociones (particularmente las sonrisas) son más genuinas y auténticas. Esto no quiere decir que las personas en fotos más tradicionales están necesariamente mintiendo, pero sí que están forzando una emoción (como cuando alguien te dice que digas "cheese") en lugar de permitir que ocurra de manera natural y espontánea.

Otras señalesbastante obvias de mentir son cuando alguien cruza los brazos delante de ellos, o colocar un objeto delante de ellos. Estos dos pueden, a veces, ser vistos como defensiva o acciones usadas para bloquear o proteger cuando es usando para mentir. Especialmente si esto ocurre como un cambio repentino de postura, así como moverse para cruzar los brazos, o poner más espacio, o incluso un objeto físico, entre ellos y las personas que creen que los están acusando (aquellos a los cuales tratan de esconderles algo) puede ser un indicador de que la persona no está siendo sincera. Además, cuando alguien se da la vuelta por completo, usted puede asumir estas señales como falta de verdad. Este puede ser un mecanismo de defensa para salvar la verdad, o ellos mismo, a fin de evitar ser descubierto en una mentira.

Algunas veces, las personas encorvan sus hombros y llevan sus brazos pegados a sus lados. Estas señales pueden ser acciones que hacen a la persona parecer más pequeña o menos obvia, particularmente cuando está escondiendo algo o intentando evitar llamar la atención innecesariamente. Esto es especialmente verdad cuando la mentira es grande, o es algo que la persona está realmente protegiendo cuidadosamente. Estas acciones implican rigidez facial y corporal, producida por un sentido de incomodidad. Algunas personas son naturalmente de esta manera. Sin embargo, para las personas que normalmente no son embarazosas, este lenguaje corporal de repente se convierte en evidente y es un buen indicador de que están escondiendo algo o mintiendo.

Más ejemplos extremos de cómo mentir puede manifestarse en señales físicas son una respiración oíble, cara o manos pálidas y/o extensión de fosas nasales. Estas señales externas puede ser un indicador problemático de que existe un tema muy importante bajo este exterior. Usualmente, esto ocurre cuando se trata de una mentira de larga duración o secreto, que en realidad está consumiendo a la persona psicológicamente.

Si bien es cierto el lenguaje corporal se refiere principalmente a posturas físicas y comportamiento, creo personalmente que este puede extenderse al habla y otras vocalizaciones. Algunos ejemplos de esto incluyen respuestas más cortas, tartamudeo torpe o uso excesivo de palabras "de relleno", que pueden ser "como" o "ummm". Pienso que esto es porque la persona está nerviosa y tropezando con sus propias palabras.

El caso contrario de esto es cuando las personas usan más palaras de las necesarias para explicar cosas. Esto depende mucho en el tipo de persona. Algunas personas son siempre muy detallistas y ofrecen varias descripciones al hablar o decir una historia. Esto no significa que están mintiendo. Sin embargo, tome atención cuando alguien que normalmente no entra en detalles repentinamente empieza a usar un montón de palabras. Siempre que una persona de repente cambia su personalidad en cualquier manera, considérelo como una señal de alerta que vale la pena notar.

Mentir es un acto altamente complicado que puede tener varias capas y profundidades. Todo desde la mentira blanca (algo como el perro se comió mi tarea) hasta las mentiras más destructivas (sacar la vuelta en una relación), las personas quieren proteger sus secretos para asegurarse de que no se vean expuestos. La mayoría de veces, las personas pueden alcanzar grandes extensiones para protegerse. Si bien es cierto, no todo puede ser expuesto a través del estudio del lenguaje corporal, una buena cantidad puede ser aprendida mediante la observación de las personas y sus interacciones en la vida diaria.

Obviamente existen numerosas maneras de usar esta información en su vida diaria. Tal vez es un empleador con un empleado que continuamente llega tarde que suele tener una excusa o racionalización de memoria. Usted empieza a preguntarse si su hijo está realmente enfermo (por tercera vez en el mes) o si su carro realmente tuvo una llanta desinflada en la vía rápida. Si él tiene que hablarle sobre las condiciones de la carretera, el lado del carro que tuvo el pinchazo, así como cada detalle del proceso para cambiar la llanta, usted puede tomarlo como un aviso de que él no está siendo 100% sincero con usted. Es fácil decir simplemente "Tuve una llanta pinchada". Pero, si ha estado trabajando por un tiempo para vender su historia, meterá todo tipo de detalles innecesarios para hacerla plausible.

Cualquiera de estas señales puede ser una señal de que alguien no está siendo completamente sincero con usted. Como reacciona a cada situación obviamente dependerá de usted, así como si considera que la persona está o no mintiéndole. Algo seguro es que este nuevo conocimiento lo ayudará a observar a otros más detalladamente y rescatar las pistas más sutiles que encuentre en diferentes situaciones.

## Los Secretos del Flirteo y la Atracción Sexual

Probablemente la segunda razón más común por la que las personas quieren estudiar lenguaje corporal es el área de atracción y relaciones románticas. Últimamente, esto se ha convertido en un estudio popular en crecimiento y ha aparecido en unos cuantos programas de televisión, así como diferentes piezas de noticias en TV y en periódico. Tomemos un vistazo a algunos de estos diferentes comportamientos y acciones que pueden reflejar el interés de una persona por otra, especialmente en el sentido romántico o sexual.

Muchas veces, las personas usan las palabras "química" o "chispa" para describir sus sentimientos por otra persona. A lo que esto realmente se reduce es que ellos están interpretando el lenguaje corporal de la otra persona a un nivel instintivo y reaccionando ante ello. Usted oirá lo descrito como tener una facilidad natural o un sentimiento de estar en lo correcto al estar alrededor de esa persona. No se trata de algo como una poción de amor. En realidad, su química corporal y su lenguaje y cómo interactúan es lo que crea este efecto.

Algunas de estas señales parecen muy sutiles, o incluso propias de la escuela secundaria. Todo puede ser presentado en relaciones románticas, especialmente en las etapas iniciales de primera atracción y deseo. Una de las señales ocurre cuando una persona inicia el contacto visual y luego mira a otro lado cuando la otra persona lo mira. Ahora, en relaciones adultas, esto puede no ser tan obvio o directo, pero tiene las mismas bases que los amores platónicos de escuela y la timidez que acompaña. Usualmente, la persona más agresiva o dominante será la que inicie este tipo de contacto. Aunque no sea siempre a propósito, esta puede ser una acción subconsciente también. Luego, el sujeto al que se estaba observando nota la mirada y cualquiera de los dos mirará a otro lado y romperá el contacto. Este patrón puede continuar alrededor del día, o por más tiempo, siempre que los dos estén juntos. Usted puede pensar que esta es una señal muy obvia; sin embargo, esta puede ser hecha de una manera discreta que puede parecer solamente una coincidencia.

El contacto visual es un factor clave en la atracción sexual y química. De la misma manera, las personas suelen observar continuamente o dar una mirada rápida a alguien (o algo) que desean. Esto puede ser aplicado a otras situaciones, por supuesto, pero es especialmente evidente cuando alguien está atraído a otra persona. Sus ojos gravitan hacia la persona de interés.

Otra cosa que se debe buscar es dilatación de la pupila. Cuando las personas ven algo que les gusta (o, en este caso, alguien), sus ojos se dilatan. Esta es una señal muy sutil. Los humanos naturalmente son atraídos a ojos suaves y dilatados más que a pupilas contraídas (como cuando se mira hacia una luz fuerte). Existen muchas razones por las que a la gente les gusta la luz de las velas, pero yo creo que una de las razones escondidas (además de las "fallas" que se difunden y el aspecto más cómodo) es en realidad que los ojos se dilatan a fin de tomar lo más que se pueda de luz, lo cual puede resultar muy atractivo.

Otra señal muy sutil es cuando los ojos se hacen más grandes. Esto es especialmente evidente/poderoso cuando una mujer tiene ojos amplios. Esto puede ser interpretado como un acto muy sumiso, causando que los hombres tomen un rol protector natural que muchas mujeres encuentran muy atractivo. Por tanto, esto puede ser una técnica muy efectiva para las mujeres cuando estén buscando atraer a un hombre.

Otro punto a considerar es que cuando un hombre está atraído a una mujer, él mirará a sus ojos y luego, usualmente, enfocará su mirada en sus caderas y se quedará en su torso. De manera similar, cuando una mujer está interesada en un hombre ella observará de arriba abajo su cuerpo y, quizá, subirá la mirada nuevamente. ¡La clásica una vez más, en serio!

Usted además notará que las personas usan comportamientos esperanzadores cuando están interactuando con una persona de interés. Esto incluye inclinar la cabeza y sonreír. Las personas inclinan la cabeza para mostrar aprobación e interés cuando la otra persona está hablando. Esto no es exclusivo a intereses románticos, sino algo que alguien hace cuando uno está interesado en cualquiera, ya sea platónico o algo más. Sin embargo, esto puede hacerse más pronunciado cuando alguien está alrededor de la persona de interés o atracción. El individuo empezará a cambiar su comportamiento para demostrar señales de que están interesados en la otra persona.

Otra señal involucra inclinarse hacia adelante cuando la otra persona está hablando. Otra vez, esto no ocurre solamente en relaciones románticas, pero es un componente y algo que notar. Cuando se está escuchando a alguien de interés, se puede notar una inclinación de la cabeza. En relaciones románticas, se dice que esto está relacionado a la manera en que naturalmente una persona inclinaría la cabeza cuando están apunto de dar un beso. Este es un ejemplo perfecto de cómo una señal de lenguaje corporal sutil puede decir mucho acerca de cómo se siente la otra persona.

En el área de atracción y deseo sexual, un montón de personas tienden a ser más tímidas y reservadas en sus interacciones más intencionadas. Entonces, estas pequeñas pistas y gestos pueden prevalecer sobre los procesos lógicos y racionales mientras revelan sus verdaderos sentimientos. Esto pone a prueba a la persona de interés de una manera que es posible interpretar lo que realmente está pensando y sintiendo.

Las manos de una persona deberían también ser usadas como un muy buen indicador del nivel de atracción que se tiene. Las mujeres suelen alborotar su cabello y dar vueltas a las puntas alrededor de sus dedos. Esto puede ser una muestra de inseguridad, pero también puede ser una señal de coqueteo. El cabello de una mujer es un objeto sexual y jugar con este puede enfatizar esta característica, lo cual los hombres encuentran atractivo. Desde luego, como la mayoría de cosas, demasiado puede resultar una distracción o hacer perder el interés, ya que puede apreciarse como inquieto o nervioso. Además, tanto para hombres como para mujeres, mostrar las palmas expresa sumisión, así como honestidad y apertura. Las mujeres que muestran sus muñecas representan una señal sexualmente cargada ya que son una zona erógena extremadamente sensible, y exponerlas envía un mensaje muy claro de atracción. Esto puede ser muy sutil, como cuando una mujer extiende sus brazos sobre una mesa con las muñecas hacia arriba.

Otras muestras de atracción incluyen el cuerpo completo. Un ejemplo de esto es la buena postura. Las personas enderechan su espalda para "estar atento" cuando la persona que les interesa está cerca. Estas, naturalmente, quieren aspirar aire y poner sus hombros para atrás para estar alerta y energizado cuando se encuentran alrededor de la persona de interés. Esto también puede ocurrir como un esfuerzo para meter el estómago y verse más esbelto. ¡Cualquiera que no crea en que esta apariencia pueda reducir peso, no ha visto a un hombre succionar su panza de cerveza cuando una mujer bonita se acerca!

Note que, cuando alguien está atraído a otra persona, encontrará las maneras (a veces excusas muy creativas) para estar a una proximidad más cercana con esa persona. Esto incluye tocamiento físico y puede resultar juguetón cuando una pareja se siente muy en confianza con la otra persona. Las mujeres comúnmente dan cachetadas juguetonas o empujan al hombre cuando están intentando ser coquetas y estar bromeando entre ellos. Además, el tocamiento, especialmente del antebrazo de un hombre, puede ser una señal instintiva de afecto y atracción.

Las personas cierran el espacio entre ellos inclinándose hacia el interior y hablando más suave para traer a la otra persona más cerca a ellos. Las mujeres pueden inclinarse hacia atrás y sacar sus caderas hacia adelante. Ya que esto usualmente no es muy evidente, ella podría inclinarse hacia atrás sobre algo como una barra para incrementar su atractivo. Esta es una postura muy sugestiva sin ser excesivamente sexual. Otra señal, más obvia, es cuando una mujer poner los hombros para atrás y empuja sus pechos hacia adelante.

Los hombres también tienen estos comportamientos de atracción y presunción. La manera en que caminan o su postura pueden cambiar de acuerdo a quién tienen cerca. Normalmente, esto también puede resultar en dos extremos; o el chico se verá más nervioso y raro o, por lo contrario, se verá más confidente o incluso presumido.

Las personas usualmente se posicionan a sí mismos en la dirección hacia la persona que quieren. Esto puede incluir su torso, cabeza, ojos, etc. Una señal, especialmente en los hombres, es los pies en dirección de la persona de interés. Las personas apuntan sus pies hacia la dirección por la que quieren ir. Esto incluye más que solo dirección física y puede extenderse a otras personas o relaciones. Esto no significa que si se mueve o aleja esa persona seguirá todos sus movimientos. Cuando se está en esta situación, esto puede ser considerado como una señal positiva de atracción. Por ejemplo, si la persona tiene su cuerpo apuntando hacia la persona de interés mientras está hablando sentado en un sofá. La persona puede estar en un círculo de personas y tener su cuerpo (especialmente los pies) dando la cara hacia la persona de interés. Obviamente, esto vale la pena notar si es un patrón establecido y no algo que pasa una sola vez.

El habla también juega un papel importante. Así como pasa con mentir, el lenguaje corporal puede envolver patrones de habla. Cuando una persona se encuentra alrededor del objeto de afecto, esta podría tropezarse con sus propias palabras o usar palabras de relleno con más frecuencia debido a su nerviosismo. Una persona también podría ser consciente del movimiento de su boca cuando habla con la otra persona. Esto podría incluir lamer o morder sus labios. De nuevo, esto se relaciona al deseo de besar, o al pensamiento subconsciente de besar a la otra persona.

Con todos estos diferentes marcadores para la atracción sexual, interpretar estas señales debe ser abrumador en la vida diaria y en las interacciones con los miembros del sexo opuesto. Estas observaciones ciertamente pueden ayudar dentro de relaciones (y potenciales relaciones a futuro) a detectar quién está interesado en usted, así como darle algunos trucos súpersecretos para comunicar que está disponible.

Por otro lado, probablemente el peor error sería sobreanalizar cada situación tratando de forzar las señales que evidencien que alguien está interesado en usted. Este tipo de pensamiento puede volverlo loco con "qué tal si". La mejor cosa que hacer es reflejar seguridad en uno mismo, especialmente cuando se piensa que alguien podría estar interesado en usted. La confianza en un mismo es siempre el mejor atractivo y lo principal que ambos, hombres y mujeres, buscar cuando están eligiendo una potencial pareja.

## Las Señales de Alerta de Irritación y Agresión

Un tiempo muy importante al que tomar atención al lenguaje corporal de alguien es cuando esta persona muestra señales de estar tenso, frustrado o incluso agresivo. Proceda con precaución cuando se esté con alguien que muestre estos tipos de comportamientos. Muchas personas muestran signos a través de su lenguaje corporal incluso antes de hacerlo verbalmente y volverse argumentativo o enojado. Observar estas señales es una herramienta muy útil, especialmente en situaciones difíciles, para anticipar los hechos antes de que la tormenta golpee.

Empecemos yendo a través de unas pocas señales de frustración leve o irritación. Las personas, especialmente los hombres, tienden a pasar sus dedos por su cabello. Esta no es la misma acción que la que se trató en el capítulo de atracción donde se discutió cómo las mujeres usualmente juegan con su cabello o lo alborotan para ser coquetas. Este es un gesto más poderoso y duro. Pienso que esta es una actualización del término "Quiero arrancarme los pelos". No quiere decir que en realidad están arrancándose el cabello, sino es una especie de imitación de esta afirmación. Puede inclinarse más hacia simplemente estar frustrado, pero también puede ser una acción agresiva. Esto es especialmente verdadero dentro del contexto de un argumento o pelea, ya que la otra persona sería el objeto de las emociones furiosas.

Una persona golpeando o tamborileando sus dedos sobre una mesa, por ejemplo, con frecuente puede ser una señal de frustración o irritación. Esto puede ser también un signo de impaciencia, como en el caso de una persona esperando por algo o alguien. Sin embargo, esto puede volverse ira u otras formas más serias de agresión. Otra señal sutil pero importante es el apretar los puños. Esto puede verse cuando una persona está presionando sus puños y liberándolos, o manteniendo los puños apretados. Muchas veces esto puede estar acompañado por el temblar del puño o del cuerpo, esto si la persona está realmente nerviosa. Pueden ser las señales iniciales de una pelea mucha más grande por venir, ya que puede estar impulsado por la adrenalina y otros químicos corporales que alimentan estos tipos de reacciones. Esto también puede escalar hacia golpear las manos sobre la mesa o golpear otras cosas.

La misma reacción lleva a las personas a dar un puñetazo a las paredes o patear cosas. Lanzar cosas y romper vidrio simplemente para liberar la ira contenida. Ahora, esto no es una excusa, y obviamente este tipo de comportamiento no es aceptable, pero se trata de algo más que una persona decidiendo actuar así. Se trata de una mezcla compleja de cosas preparándose bajo la superficie, lo cual vuelve más importante el estar al tanto de estas señales y alejarse de una persona que las está demostrando, ya que una confrontación rara vez termina en la resolución de un conflicto para ese momento.

Los ojos también pueden decir un montón cuando se buscar por señales de frustración o agresión. Las personas que están en un estado mental agresivo observan a una persona. Esta no es la misma mirada que se trató en el capítulo de atracción, sino es mas bien una mirada fija. Esta persona quiere ser vista como dominante y en control durante el intercambio, ya sea una conversación, argumento o pelea física. Incluso no es necesario que exista una confrontación verbal. Incluso en una habitación, una persona agresiva estará juzgando a todos y mirándolos fijamente. Este juzgar también puede ser una señal de que la persona ya se siente dominante o poderosa y quiere asegurarse de que todos lo noten también.

Lo interesante acerca de esto es que otras personas reaccionan a aquellos que demuestran este tipo de señales dominantes. Probablemente no les guste, pero de alguna manera, sienten miedo o respeto hacia esa persona más naturalmente y probablemente ni siquiera saben por qué ocurre. Una vez que sepa qué buscar, le será más fácil identificar este tipo de personas. Esto resulta ser una nueva herramienta para poner eventos en perspectiva, especialmente los comportamientos que anteriormente no habían sido analizados. De esta manera, por ejemplo, se puede dar cuenta de que el matón de la escuela tiene una gran cantidad de problemas sin resolver. Puede ignorarlo de una manera más fácil al ver la situación desde una perspectiva externa. PRECAUCIÓN. Busque ayuda profesional antes de intentar intervenir con el matón.

Una persona que está enojada o es agresiva también tiende a enrojecerse. Esta es una señal muy evidente de que algo está mal y que la persona está a punto de "estallar". ¡Este enrojecimiento puede aparecer en la cara y/o en el pecho de una persona y se debería tomar como un indicador para alejarse y evitarlo!

Las expresiones faciales pueden ser las señales más obvias de todas. Una persona agresiva (o una persona con un humor agresivo) tiene un rango de expresiones faciales. Este puede ir desde frunces de ceño desaprobantes, labios apretados, cara de desprecio y gruñidos que pueden variar desde ser cortos y sutiles, hasta ser señales obvias que la persona ni siquiera trata de esconder. Estas expresiones pueden ser involuntarias. Pienso que, además, podrían ser actuadas para efecto dependiendo en lo que la persona está intentando lograr. Si la persona está tratando de intimidar, probablemente usará estos gestos y comportamientos para su beneficio. Por otro lado, las señales pueden surgir más naturalmente cuando la persona está en un humor desafiante o enojado.

Otra señal de agresión, particularmente cuando es direccionada hacia otra persona, es el direccionar el mentón hacia la persona con la que se está molesto. Esto también puede incluir direccionar el mentón hacia afuera y un poco hacia arriba. Esta persona también, probablemente, mostrará su mentón apretado, lo cual es otra señal de enojo. Si la persona tiene un mentón tenso y dirigido en la dirección de otra persona, esto es probablemente una señal de que está enojada con esa persona y de que está tratando de intimidarlo.

Otro indicador es señalar con el dedo. Esto es visto usualmente cuando las personas están en una discusión, entonces una persona señalará con su dedo a la persona con la cual está discutiendo o peleando. Esto también puede ser utilizado como una táctica de intimidación, especialmente si la persona está en proximidad con la otra y el señalar con el dedo resulta justo delante de su cara, o incluso empujándola físicamente. Este es un comportamiento muy agresivo que nunca resulta bien. Además, la persona puede estar inclinada hacia la otra persona, pero con los hombros atrás. Esta es una postura muy agresiva.

Una persona demostrando tendencias agresivas también pueden tener sus palmas apuntando hacia afuera, especialmente en la dirección de otra persona. Este es un indicador de que la persona está colocando una barrera entre él y la otra persona. También pude ser visto como un aviso para no acercársele más, como una barrera física.

Con todos estos comportamientos, la persona que se está sintiendo enojada o agresiva normalmente mostrará estas acciones variando a diferentes grados. Mientras una persona podría exhibir todas estas señales en un lapso de tiempo corto, otras personas tienen una en específico que suelen adoptar cuando se sienten tensos. Además, esto puede estar en proporción directa a la cantidad de emociones que la persona está experimentando. Si la persona está solo un poco irritada o molesta, tenderá a mostrar las señales más sutiles o el comportamiento no durará mucho. Sin embargo, si la persona está muy enojada o agresiva, esto puede convertirse en una gran producción completa que demuestren sus sentimientos.

Pienso que el mejor consejo sería ser precavido y utilizar su mejor juicio al estar alrededor de personas agresivas. Además, esté al tanto de problemas potenciales y tenga un plan para ellos con anterioridad. Aprenda a controlar sus propios sentimientos cuando se esté sintiendo enojado o agresivo hacia otra persona. Todos necesitan ser controlados de una manera diferente cuando están en este tipo de humor. En sus relaciones cercanas, aprenda a ajustar y trabajar con sus amigos y sus familiares. Con otras personas, como en el trabajo o en otro ambiente, necesitará poder tolerarlo. Aprender a observar las señales le brinda herramientas para incrementar su notificación de situaciones en proceso. Úselas para anticiparse y planear sus acciones.

## Las Trampas de Inseguridad, Ansiedad y Estrés

Otro conjunto de emociones fuertemente conectadas son la inseguridad y la ansiedad, y varias señales del lenguaje corporal pueden verse conectadas a una o a ambas. Existen básicamente dos tipos de personas que son inseguras. Algunas personas siempre son acomplejadas e inseguras. Otras personas solo reaccionan ante algunas situaciones o personas, las cuales las hacen sentirse inseguras. La ansiedad puede conectarse fuertemente a esto, por lo que el lenguaje corporal muchas veces puede verse como una combinación de todos estos sentimientos.

Si bien es cierto que todas las personas pueden volverse inseguras o nerviosas, existe algo más profundo dentro de aquellos que simplemente son acomplejados e inseguros en general.

Veamos algunas de las formas más comunes en que esto se puede presentar en la vida diaria.

Una señal muy obvia hacia el resto es cuando alguien evita hacer contacto visual o baja su mirada cuando alguien más está tratando de hacer contacto visual con él. Algunas personas se sienten muy intimidadas por el contacto visual directo, y esto es un indicador muy fuerte de falta de seguridad en sí mismo, especialmente cuando se ve acompañado de una cabeza baja, lo cual puede ser una señal de derrota o timidez severa. También es común notar un aumento en la rapidez del pestañeo. Una persona nerviosa pestañea más frecuentemente de lo normal.

Otras personas expresan su ansiedad en su vocalización. Una persona que carraspea continuamente o que traga aire también demuestra señales de ansiedad o nerviosismo.

Algunas personas también experimentan lo que se conoce como risa nerviosa o "risitas" cuando están nerviosos o ansiosos. Esto es prevalente especialmente cuando se sienten incómodos en una situación nueva o una que los ponga muy nerviosos. Estas personas no pueden contener una sonrisa o una risa cuando confrontan una situación que encuentran incómoda, como una conversación seria. Estas personas suelen reír o sonreír en momentos no apropiados. A pesar de que no lo parezca, esto suele ser una señal de inseguridad, nerviosismo o sentimientos de incomodidad.

Jugar con el cabello puede ser una señal de inseguridad o nerviosismo. Ya se ha hablado de esta señal en capítulos anteriores, pero es algo que también puede verse presente cuando se trata de ansiedad. Sin embargo, es más probable que se manifieste como darse toques en el cabello o ponerlo detrás de las orejas de manera repetida. Desde luego, esto puede tener relación con atracción hacia otra persona. Los dos ejemplos pueden ser conectados fuertemente. Sin embargo, esta señal puede no tener nada que ver con tener atracción sino el sentirse incómodo o inseguro.

Las personas también suelen tocar la parte frontal de su cuello cuando se sienten nerviosos o ansiosos. Pueden tocar, rascar o incluso sobar un punto de su cuello o pecho. Esto puede verse conectado a incomodidad o movimientos nerviosos en general. En realidad, moverse o juguetear nerviosamente normalmente es una señal de ansiedad o mucho nerviosismo. Las personas suelen jugar con objetos pequeños (llaves del auto, lapiceros, etc.) o toquetear cosas o a sí mismos (pelusa sobre una manta, pelo de gato de un *sweater* o incluso una herida o una peca en particular) en un intento de distraer su atención de la situación o sus pensamientos abrumadores mediante una acción sin importancia.

Otra señal es el morderse las uñas. Para aquellos que lo hacen, esto se hace más evidente cuando se está pasando por estrés o ansiedad. Tal vez esto haya empezado como un hábito nervioso, hasta convertirse en algo natural que ocurre todo el tiempo, sin importar el humor o la circunstancia. Esta señal, a veces, se utiliza en programas animados o películas cuando el personaje se siente nervioso. Las señales orales también pueden traducirse en morder otras cosas como lapiceros, lápices o sorbetes. Este hábito puede ser muy difícil de romper. En realidad, existe una industria entera dedicada a elaborar productos para ayudar a las personas a dejar de morderse las uñas. Por ejemplo, una línea de esmaltes de uñas que dejan un sabor amargo, para desmotivar el morderlas.

Las personas usualmente demuestran un exceso de energía (estrés o ansiedad) moviendo o sacudiendo sus piernas y/o pies. Muchas veces, esto es más evidente cuando la persona tiene las piernas cruzadas. El pie o pierna cruzada sobre la otra podría estar moviéndose al son de un ritmo inaudible. Como con la mayoría de señales del lenguaje corporal, la persona demostrando el comportamiento no nota que lo está haciendo. Esta acción particular puede volver al resto de personas en la habitación más agitadas y frustradas simplemente por estar muy cerca a esta fuente de energía nerviosa. Esto también puede ser un indicador de una fuente de estrés emocional profundo o ansiedad, el cual necesita ser liberado.

En estas circunstancias, la persona literalmente no puede contenerlo o quedarse quieto por periodos de tiempo largos.

Marcar el ritmo de los pasos puede ser una señal de estrés o ansiedad, especialmente cuando se está a la espera de noticias de un evento especial o cuando se está hablando con alguien que genere estrés o ansiedad. Las personas suelen marcar el ritmo de los pasos sobre el suelo cuando están hablando por teléfono. Esta señal puede ser una energía cargada de emoción proveniente de una raíz de felicidad, aunque es más común que sea generada por estrés.

Y la postura? Una persona que se siente nerviosa, ansiosa o estresada suelen encorvar sus hombros, lo cual puede causar dolor físico después de n=un tiempo. Muchas veces, la persona estará más que consciente de estar en una situación estresante; forzarán una buena postura, pero sus hombros estarán levantados o "recogidos" hacia arriba, lo cual puede generar dolor e incomodidad. Muchas veces debe escuchar a personas que cargan con su estrés sobre sus hombros o el área de su cuello. Esto es causado por encorvarse un poco o tener sus hombros recogidos, poniendo tensión en estas áreas. Este conocimiento es utilizado como una estrategia común de *marketing* por terapistas masajistas. Estos suelen ir a oficinas o tiendas alrededor de edificios de oficina, pues el trabajar en oficina puede ser muy estresante, aunque no en sentido físico. Necesitan ayuda para deshacerse de las "torceduras" de vida de sus músculos.

Por supuestos, estas emociones también pueden exponerse de manera verbal. Las personas que son nerviosas tienden a ir de un extremo al otro: pueden entrar a un chat grupal que parece que nunca parará de hablar o pueden aislarse completamente, para lidiar con las circunstancias. Ambos comportamientos son mecanismos de manejo y la personalidad de la persona determina hacia cuál se tiende naturalmente.

Vivimos en un mundo que se camina a pasos muy rápidos y con sobrecarga de demandas sobre nosotros, no solo profesionalmente, sino también en el ámbito personal, la cual puede generar una gran cantidad de estrés en nuestras vidas. Todos somos responsables de aprender a cómo lidiar apropiadamente con el estrés, ya que este es un efecto inevitable de nuestros estilos de vida ocupados. Además, parece que este viene en ciclos u olas para la mayoría de personas. Observar estos comportamientos en las personas puede ayudarlo a saber cómo entender mejor sus situaciones cuando estén en situaciones estresantes o ciertas fases de la vida.

Esta información puede ayudarlo a aprender a lidiar con el estrés en su vida propia. Específicamente, el reconocimiento temprano de su estrés o nerviosismo puede ayudarlo a manejar la ansiedad por su cuenta. Por ejemplo, puede aprender que usted tensa sus músculos de los hombros y cuello cuando está estresado y que esto lo dejará adolorido para el siguiente día. Por tanto, con el paso del tiempo, aprenderá a reconocer estas señales lo suficientemente temprano para ser capaz de tomarse unos minutos para hacer algunos movimientos de hombros y tomar aire profundamente, e incluso ir por una caminata para aclarar todo lo que está pasando por su mente. Esto puede ayudarlo a la larga a mejorar su salud.

Las señales cubiertas fueron en relación al nerviosismo también. Todos tendremos que enfrentar situaciones que nos genere mucho estrés, tales como una entrevista de trabajo, una primera cita o una oportunidad para hablar en público. Incluso la manera en que usted se controla a sí mismo puede proyectar nerviosismo o seguridad en sí mismo, lo cual es exactamente lo opuesto a lo que quiere reflejar. Por tanto, en esos tres ejemplos, nadie querría ponerse muy nervioso durante una entrevista, una primera cita o al estar dando una exposición. Entonces, aprender cómo reacciona personalmente y prepararse para situaciones con anticipación puede ayudarlo a ajustar su lenguaje corporal acorde con las circunstancias.

Finalmente, nadie quiere estar alrededor de una "bola de estrés" Todos tenemos personas en nuestras vidas que resaltan por ser altamente nerviosas. Si somos realmente honestos, tendemos a evitar a aquellas personas, especialmente al estar en una crisis, ya que no queremos ser afectadas por sus emociones, así que aprenda a controlarse a sí mismo, tranquilícese y continúe con su vida, haciendo uso de estas señales como herramientas. Lo ayudará, de la misma manera que la gente alrededor suyo, sin importar qué situación nueva aparezca en su camino.

## Los Temas de Depresión y Tristeza

De acuerdo a estudios científicos, la tristeza es la emoción más fácil de detectar entre otras a través de los signos del lenguaje corporal. La mayoría de los siguientes signos y señales pueden resumirse en la palabra "abatido". Mientras algunas personas son mejores al esconder sus emociones en general, la tristeza en particular, todos tienen algún tipo de comportamiento que indica cuando algo no está bien con ellos.

Una persona que está experimentando tristeza tenderá a bajar su mirada y evitar hacer contacto visual con otros. Esto es un esfuerzo hecho para evitar conversaciones o comprometerse con otros cuando sienten que no están emocionalmente preparados para socializar. Dependiendo en el grado de depresión, esta persona podría también bajar su mirada o meter su cabeza para evitar el contacto visual. Algunos incluso esconden su cara por completo, enterrándola bajo sus brazos o con alguna ropa (como una sudadera con capucha) para esconderse detrás de ello.

Si su cara puede verse, probablemente habrán bajado sus cejas interiores y sus labios exteriores. Su labio inferior podría estar sobresaliente también. Sus ojos estarán caídos o rojos e hinchados, si es que han llorado recientemente. No habrá una luz o destello en sus ojos. Esto no es siempre tan evidente, ya que algunas personas nunca se ven así de animadas. Resultaría aún más difícil al tratarse de desconocidos. Si usted conoce a alguien que normalmente está lleno de vida y animado y, de repente, ya no hay esa luz en sus ojos, es difícil ignorar la diferencia.

Esta persona probablemente tendrá una postura perezosa, encorvándose o hundiéndose hacia atrás, al estar sobre un sofá o una silla. Sus hombros estarán encorvados o caídos, como en derrota. Si se encuentra en una situación social, donde está alrededor de otras personas, su cuerpo probablemente estará dado vuelta en contra de ellos. De nuevo, esto es un intento (ya sea inconsciente o consciente) de evitar hacer contacto con otras personas, o posiblemente una manera de esconderse de estas.

Esta persona estará cerrada y resguardada tanto en su postura como en una conversación. Al hablar, no utilizará gestos con las manos o un montón de inflexiones en su voz. También podrían presentarse algunos de los comportamientos ansiosos o nerviosos que ya fueron discutidos en el capítulo anterior. Esto es probable debido a que la persona está buscando alguna manera de salirse de la situación, ya que no se siente cómoda interactuando con otros. Solo busca una manera de poder estar solo. Esto es especialmente cierto cuando la persona está presente en un evento social en contra de su voluntad. Todos tenemos ese amigo que nos jala de la casa para salir cuando lo único que nos apetece hacer es quedarse en casa con nuestra depresión.

Una persona generalmente no usa gestos cuando se sienten tristes y abatidos. Sin embargo, si sí están haciendo gestos o tienen una postura corporal más abierta, estas son señales buenas de que otros se pueden hacer a ellos. Si se decide probar el territorio y ver si se puede iniciar una conversación, debe usarse un acercamiento amigable y suave. Si están apagados completamente, probablemente sea lo mejor dejarlos solos o, al menos, no intentar mencionar la causa de su mal humor. En la mejor instancia, deje en claro que está disponible para ellos de una manera no verbal.

Ellos también pueden tener tendencias autotranquilizantes, como frotar sus brazos, cuello o cara. No necesariamente en una manera nerviosa, sino para tener un efecto calmante.

Otro efecto secundario común de la depresión es el insomnio. La persona puede sentirse más cansada de lo normal. Podría tener ojeras bajo sus ojos, bostezar más frecuentemente o no poder enfocarse fácilmente. Podría salirse de una conversación porque no quiere hablar, o porque está cansado y no pueden concentrarse lo suficiente para participar plenamente.

La fortaleza de estas señales está directamente enlazada al grado del problema, la personalidad de la persona involucrada. Su conocimiento de la personalidad de la persona lo ayudará a determinarlo. Cada ingrediente afecta qué tanto estas cosas serán evidentes. Una persona que está muy deprimida mostrará estas características más obviamente que otra persona que simplemente está teniendo un mal día. Sin embargo, también existen personas que son muy buenas en pretender que todo está bien. Pueden actuar normal por una cantidad extendida de tiempo sin nadie que lo note. Eventualmente habrá una señal para revelar esta treta.

Siempre es mejor manejar este tipo de situaciones cuidadosamente y ser precavido alrededor de estas personas para evitar herir sus sentimientos o hacerlos sentir más incómodos de lo que ya se sienten. Sin embargo, también es importante reconocer que, mientras estas personas no quieran interactuar socialmente, algunas veces eso mismo es lo que necesitan. Por otro lado, a veces estas personas necesitan tiempo y espacio para sobrellevar y superar lo que sea que están enfrentando. Así que es importante ser cuidadoso y considerar sus necesidades, especialmente cuando se trata de un buen amigo y alguien que confía en usted. Si no está seguro o su ayuda empeora la situación, busque ayuda profesional.

## El Placer de la Felicidad Genuina

La felicidad se suele asociar a sentirse relajado o satisfecho con la vida. Muchas señales del lenguaje corporal pueden coincidir con posturas de relajación. Cuando las personas se sienten relajadas y satisfechas, se sienten felices y viceversa: cuando las personas están felices, naturalmente se sienten más relajadas y satisfechas.

Probablemente la señal más obvia de felicidad es una sonrisa genuina. Esta es una sonrisa que alcanza los ojos de la persona e involucra la cara completa, no solo los labios. Usualmente es simétrica o con una pequeña exageración en el lado derecho de la cara. Existe una gran diferencia entre una sonrisa fingida y una sonrisa genuina. Hay varias diferentes razones por las que las personas sonríen, aunque no sea auténticamente.

Comúnmente, lo hacen intentando ser amable o para parecer interesado en otra persona. Puede resultar más como una situación de "sonreír y mantener la sonrisa" donde están solo sonriendo porque es lo que se espera de ellos, no porque es como realmente se sienten.

Esto también ocurre con la risa, la cual puede ser fingida o genuina. Las personas pueden reír por ser amables cuando alguien hace una broma, o cuando están nerviosos. Como sucede con las señales, tal con las sonrisas, esta puede ser más difícil de detectar cuando no se es cercana a la persona. Tal y como ocurre con una sonrisa genuina, una risa fingida no involucra los ojos y usualmente suena forzada y tensa.

Las personas que están felices o emocionadas tienden a ser animadas en sus expresiones faciales y gestos. Suelen tener un aurea alegre y animada por sí mismos ya que les resulta fácil sonreír y reír. Cuando las personas están felices o emocionadas, tienen una energía contagiosa que hace que otras personas se sientan a gusto alrededor de ellos. Usted es muy afortunado si tiene un amigo cercano de alguien que tuene un espíritu de gozo y felicidad contagioso. Estas son las personas "alma de la fiesta" que todos aman tener cerca.

Cuando las personas están felices y relajadas, usualmente se paran con sus pies a la altura de sus hombros. Esto es una señal de sentirse relajado y seguro. Tienen también una postura relajada, con los hombros hacia atrás y no encorvados. Esta es una señal de seguridad en sí mismos. Se sienten felices, permitiendo que su confianza en sí mismos naturalmente brille a través de la manera en que comportan.

Las personas felices usualmente caminan energéticamente y están más alerta a sus alrededores. Ellos miran alrededor y acogen todo lo que ven. Son más abiertos al mundo a su alrededor y buscan maneras de conectarse con este.

Las personas que se sienten felices tienen una postura y un camino abiertos hacia ellos. Tendrán los brazos extendidos y gestos más grandes. Esta abertura también incluye la manera en que se paran y se sientan. Es lo opuesto a las personas deprimidas. Pondrán su cuerpo en dirección hacia otros en lugar de alejarse y aislarse. Esto es especialmente verdadero en reuniones sociales donde hay un montón de personas en un solo lugar. Una persona feliz buscará interactuar con tantas personas como le sea posible.

La felicidad puede traducirse incluso en el

tipo de vestimenta que una persona está vistiendo. Una persona feliz tiende a vestir ropa relajada. Esto también puede incluir un atuendo flojo, como enrollar las mangas o aflojar la corbata.

La felicidad es generalmente fácil de identificar. No se necesita una gran cantidad de pistas para descifrarla. Probablemente, la cosa más difícil de notar es si se trata de felicidad genuina y cuándo es fingida. Algunas personas siempre pretenden estar felices, o intentan de manera forzada ser el centro de atención. Sin embargo, pretenderlo usualmente puede ser identificado si se toma la suficiente atención.

## Obras Observaciones

Desde luego, los capítulos previos no son listas exhaustivas de todos los cientos de señales de lenguaje corporal que las personas proyectan en diferentes situaciones, o con diferentes emociones. Si bien es cierto, la mayoría de las que fueron cubiertas hasta ahora encajan en diferentes categorías, hay varias señales adicionales que también son importantes, pero no necesariamente encajan perfectamente en las categorías previas. Por tanto, entremos más a fondo para tener una imagen más completa de cómo las personas se expresan mediante sus cuerpos.

## Manos

Las personas usan sus manos en una gran cantidad de maneras para expresarse incluso sin pensar en ello. Algunas personas "hablan" con sus manos y se comunican con ellas como si fuera como una segunda lengua. Otras personas son mucho más reservadas. Ellas no usan sus manos en conversación diaria, pero sí usan gestos en algunas ocasiones. Esto es una pieza muy importante de cómo las personas se expresan. Además, es una forma de comunicación que trasciende cultura, lenguaje y etnia.

Las palmas abiertas indican un sentido de apertura y un mensaje positivo. Cuando las personas hacen gestos con las manos hacia arriba y afuera, se trata de un indicador particular de positividad. Esto es algo que suele verse en vendedores y personas haciendo presentaciones. Los gestos abiertos y extendidos para enfatizar son maneras sutiles de comunicar puntos buenos en una conversación o una presentación.

Cuando las personas entrelazan sus dedos o tocan los extremos de sus dedos juntos, particularmente sus dedos índices, es una señal de que están considerando algo y que están por tomar una decisión. Esta es una señal positiva, especialmente cuando la decisión ha requerido mucho pensar y debatir.

Manos presentadas con las palmas y los dedos extendidos hacia afuera como un plato es un indicador de que la persona está ofreciendo una idea o consejo a otra persona. Esto puede verse como una posición vulnerable ya que deja a la persona abierta al rechazo. La persona usualmente se inclina hacia adelante al hablar y sus manos podrían estar a la altura de su pecho, o bajadas, casi apoyadas sobre el regazo. De manera similar, cuando está dando una presentación tendrá sus manos hacia adelante, pero formando un hueco juntas;

se trata de una señal de rogar o implorar. Este es un gesto muy vulnerable que se vincula con el rogar como una persona que vive en las calles.

**Asentir**

Las personas asienten cuando están teniendo una conversación con alguien. Esto indica que están escuchando y participando con la persona que está hablando. Sin embargo, si la persona empieza a asentir de manera muy frecuente o demasiado, esto es probablemente un indicador de que ya se han retirado de la conversación y que ya no están escuchando. Esto es algo que las personas hacen cuando están siendo amables, pero usualmente se convierte bastante obvio para la otra persona. Otro indicador es que la persona ya no estará mirando a la otra persona en la conversación, sino que estará mirando a las personas alrededor o a cosas del ambiente en su lugar.

Algunas personas asienten continuamente mientras hablan. Observe sus ojos para otras señales corporales. Pueden estar entusiasmadas acerca de lo que están tratando de explicar; saber que su argumento es débil; o haber desarrollado un hábito de asentir, lo cual puede ser molesto.

**Tocarse el rostro**

Las personas tocan su rostro o frotan su nariz cuando están rechazando una idea, o cuando están dudosos de lo que se les está diciendo. Esto puede ser una señal sutil de desconfianza. Las personas usualmente pinchan el borde de su nariz, lo que puede significar que están mentalmente exhaustos, frustrados, negativos, pensativos o posando para impresionar a otros con su contemplación e inteligencia. Si sucede lo último, se trata de una experiencia positiva. Las personas que acarician su mentón o apoyan sus manos sobre sus mejillas puede reflejar la misma señal que frotarse la nariz.

**Ojos**

Cuando alguien está pensando, normalmente mira hacia arriba. Existen dos variaciones de esto. Mirar hacia arriba hacia la izquierda, hacia el lado más creativo del cerebro, es una señal de que probablemente están improvisando una mentira. Mirar hacia arriba hacia la derecha sucede cuando una persona está accediendo al lado del cerebro donde se guardan los recuerdos. Entonces, mientras que hacia la izquierda probablemente significa estar inventando una mentira, hacia la derecha probablemente signifique estar recordando un recuerdo legítimo.

Durante una conversación, si la persona empieza a mirar hacia la izquierda y hacia la derecha usualmente significa que no quieren ser escuchados por casualidad. Igualmente, cuando una persona rápidamente da una mirada hacia el lado, después de un comentario, es probable que sea un indicador de que la última cosa dicha le resultó irritante a esa persona. Eventualmente, esto puede generar que una persona mire alrededor de la habitación y salga de la conversación, al menos mentalmente.

## Pensamientos Finales

Usando este libro para entender lo básico de las señales del lenguaje corporal realmente puede mejorar la manera en que usted interactúa con otros. Observar los matices más sutiles puede ser una experiencia sorprendente una vez que aplique este conocimiento. Ya sea que use esta información para observar a desconocidos o para más adelante entender a las personas en su vida, usted se beneficiará de tener un mejor entendimiento de lo que hace que las personas reaccionen.

Pienso que lo más interesante es simplemente cuántas señales nosotros, como humanos, proyectamos todos el tiempo. Estamos constantemente enviando señales que, sucesivamente, otras personas están leyendo y reaccionando a. Puede usar esta información para ajustar su propio lenguaje corporal o, al menos, volverse algo más consciente de cómo otros lo podrían estar percibiendo.

www.ingramcontent.com/pod-product-compliance
Lightning Source LLC
Chambersburg PA
CBHW071851070526
44583CB00016B/1643